Planejamento Tributário Aplicado aos Instrumentos Sucessórios

Planejamento Tributário Aplicado aos Instrumentos Sucessórios

2018

Dayane de Almeida Araujo

**PLANEJAMENTO TRIBUTÁRIO APLICADO
AOS INSTRUMENTOS SUCESSÓRIOS**
© Almedina, 2018
AUTOR: Dayane de Almeida Araujo
DIAGRAMAÇÃO: Almedina
DESIGN DE CAPA: FBA
ISBN: 9788584932849

Dados Internacionais de Catalogação na Publicação (CIP)
(Câmara Brasileira do Livro, SP, Brasil)

Araujo, Dayane de Almeida
Planejamento tributário aplicado aos instrumentos sucessórios / Dayane de Almeida Araujo. -- São Paulo : Almedina, 2018.

Bibliografia.
ISBN 978-85-8493-284-9

1. Direito das sucessões - Brasil 2. Direito tributário - Brasil 3. Imposto de Transmissão Causa Mortis e Doação (ITCMD) 4. Planejamento sucessório 5. Planejamento tributário I. Título.

18-16447   CDU-347.65:336.226(81)

Índices para catálogo sistemático:

1. Brasil : Planejamento tributário aplicado aos instrumentos sucessórios : Direito tributário
347.65:336.226(81)

Maria Paula C. Riyuzo - Bibliotecária - CRB-8/7639

Este livro segue as regras do novo Acordo Ortográfico da Língua Portuguesa (1990).

Todos os direitos reservados. Nenhuma parte deste livro, protegido por copyright, pode ser reproduzida, armazenada ou transmitida de alguma forma ou por algum meio, seja eletrônico ou mecânico, inclusive fotocópia, gravação ou qualquer sistema de armazenagem de informações, sem a permissão expressa e por escrito da editora.

Junho, 2018

EDITORA: Almedina Brasil
Rua José Maria Lisboa, 860, Conj.131 e 132, Jardim Paulista | 01423-001 São Paulo | Brasil
editora@almedina.com.br
www.almedina.com.br

APRESENTAÇÃO

Foi com muita satisfação que recebi o convite da autora Dayane de Almeida Araújo, para apresentar ao público sua obra "Planejamento Tributário Aplicado aos Instrumentos Sucessórios".

Dayane não só foi minha aluna na Especialização em Direito Tributário promovida pelo Insper – Instituto de Ensino e Pesquisa, como também minha orientanda no curso em questão. Desta forma, pude acompanhar o desenvolvimento da presente obra desde as suas primeiras linhas até sua apresentação em banca no Insper, na qual foi aprovada com distinção.

Em minha opinião, o grande mérito deste trabalho é a análise conjunta efetuada pela autora dos institutos relativos à sucessão patrimonial das pessoas físicas e das regras tributárias a eles aplicáveis. Analisando os primeiros e cotejando-os com as segundas, a autora demonstra ser possível que à referida sucessão sejam ser aplicados instrumentos de planejamento tributário, com vistas a diminuir a carga tributária sobre ela incidente.

Como muito bem pontua a própria autora, "Em que pese a maioria das pessoas não gostarem de falar sobre a morte, deve-se levar em consideração que ela é a única certeza do ser humano, razão pela qual o titular do patrimônio deve [...] planejar a transferência dos seus bens aos herdeiros, independentemente do tamanho do patrimônio [...], tendo em vista que não são raros os casos em que a falta de um planejamento sucessório compromete todo o patrimônio da família".

Ressaltando que "[...] o contrato de doação, a constituição de *holding* patrimonial ou familiar, o seguro de vida e os planos de previdência privada, quando bem estruturados, são os instrumentos que apresentam maiores benefícios tributários [...]", a autora faz válida ressalva, no sentido de não haver: "fórmula pronta" aplicável a todo e qualquer processo sucessório, apontando corretamente que o planejamento da sucessão "[...] é ato personalíssimo do titular do patrimônio, que deverá analisar e entender o seu objetivo, as suas expectativas, a situação patrimonial, os bens que compõem seu patrimônio, o Estado da Federação em que esses bens estão localizados e o seu contexto familiar".

Tenho certeza que a presente obra será de grande utilidade para todos aqueles que militam com o Direito Tributário e com o Direito das Sucessões, tendo tudo para se tornar referência sobre os temas nela abordados.

Desejo assim boa e proveitosa leitura a todos.

RÉGIS FERNANDO DE RIBEIRO BRAGA
Professor Orientador dos *LL.M* em Direito Tributário do
Insper – Instituto de Ensino e Pesquisa

SUMÁRIO

INTRODUÇÃO ... 9

1. PLANEJAMENTO TRIBUTÁRIO ... 13
   1.1 Planejamento Tributário: Conceito ... 13
      1.1.1 Elisão Fiscal ... 16
      1.1.2 Evasão Fiscal ... 17

2. LEGALIDADE DO PLANEJAMENTO TRIBUTÁRIO ... 21

3. PLANEJAMENTO SUCESSÓRIO ... 35

4. SUCESSÃO HEREDITÁRIA ... 43

5. ASPECTOS TRIBUTÁRIOS DA SUCESSÃO HEREDITÁRIA ... 53
   5.1 Imposto Sobre Transmissão *Causa Mortis* e Doação – ITCMD ... 53
      5.1.1 Aspectos do ITCMD nos Estados Brasileiros, Distrito Federal – Direito Comparado ... 63

6. SUCESSÃO PATRIMONIAL LEGÍTIMA ... 71
   6.1 O Processo de Inventário e Partilha de Bens ... 71
      6.1.1 Tributação Incidente ... 78

7. INSTRUMENTOS DE PLANEJAMENTO SUCESSÓRIO ... 89
   7.1 Testamento ... 89
      7.1.1 Tributação Incidente ... 94

7.2 Contrato de Doação — 94
7.2.1 Tributação Incidente — 99
7.3 *Holding* Patrimonial ou Familiar — 103
7.3.1 Tributação Incidente — 110
7.4 Seguro de Vida — 113
7.4.1 Tributação Incidente — 115
7.5 Conta Conjunta — 118
7.5.1 Tributação Incidente — 121
7.6 Planos de Previdência Privada — 123
7.6.1 Tributação Incidente — 125
7.6.1.1 Imposto de Renda — 125
7.6.1.2 ITCMD — 128
7.7 *Trusts* — 131
7.7.1 Tributação Incidente — 135
7.8 *Escrow Account* — 138
7.8.1 Tributação Incidente — 139

CONCLUSÃO — 141

REFERÊNCIAS — 143

LEGISLAÇÃO E JURISPRUDÊNCIA — 149

REFERÊNCIAS COMPLEMENTARES — 161

Introdução

De modo geral e independentemente de credo ou filosofia, as pessoas preferem não falar sobre a morte, por acreditarem que traz "mau agouro" ou que pode, até mesmo, propiciar sua chegada mais precoce. Assim, fazem de conta que ela não existe.

Entretanto, a morte é inerente à vida, sendo a única certeza do ser humano.

Por essa razão e considerando os desdobramentos decorrentes do evento morte, inclusive em relação à divisão do patrimônio entre os herdeiros, torna-se cada vez mais necessário falar acerca do planejamento sucessório e das suas respectivas consequências.

O planejamento sucessório nada mais é que a adoção de medidas preventivas pelo titular do patrimônio com relação ao destino dos seus bens, móveis e imóveis, após a sua morte.

Tal medida visa preservar a autonomia da vontade do titular do patrimônio, prevenir eventuais conflitos entre os herdeiros, evitar o longo, custoso e burocrático procedimento de inventário, reduzir a carga tributária incidente na sucessão patrimonial e proporcionar a segurança e a garantia jurídica aos futuros herdeiros.

Ainda, ao planejar a sucessão em vida, o titular do patrimônio tenta evitar que os seus sucessores desperdicem o patrimônio conquistado no decorrer da vida com longas e complexas disputas judiciais, uma vez que, o momento da divisão dos bens ocasiona, na maioria das vezes, conflitos e disputas entre familiares, normalmente carregados de emoções tanto positivas quanto negativas como ciúmes, raiva, ressentimentos, entre outras.

Assim, em que pese não ser possível que o patrimônio conquistado durante a vida se perpetue nas mãos dos herdeiros familiares, é possível adotar medidas preventivas para que o patrimônio não seja dilapidado logo após a sucessão, quer seja com a elaboração de acordos, com a prévia e expressa concordância de todos os herdeiros, quer seja com a utilização de instrumentos jurídicos e financeiros.

Existem diversos instrumentos jurídicos e financeiros que podem ser utilizados pelo titular do patrimônio para a elaboração de um eficaz e adequado planejamento sucessório e patrimonial, como o testamento, o contrato de doação, a *holding* patrimonial ou familiar, o seguro de vida, a conta conjunta, os planos de previdência privada, o *trust* e a *scrow account*; no entanto, nem todos os instrumentos disponíveis têm como consequência um benefício econômico e tributário.

Em relação aos efeitos tributários da sucessão hereditária, cabe destacar que o imposto sobre a transmissão *causa mortis* de bens e direitos – ITCMD é o mais relevante. Entretanto, a depender da conduta adotada pelos sucessores ou pelo titular do patrimônio ao planejar a herança em vida, poderá haver incidência de outros impostos, como o Imposto de Renda – IR e o Imposto sobre a Transmissão Onerosa de Bens Imóveis – ITBI.

O ITCMD, por anos, foi considerado um imposto de pouca expressividade por produzir receitas tributárias relativamente baixas. Todavia, o referido imposto passou a ser motivo de preocupação dos brasileiros, em especial daqueles que detêm um patrimônio relevante, porque (a) nos últimos anos, alguns Estados da Federação e Distrito Federal majoraram a alíquota do ITCMD; (b) há no Senado Federal uma Proposta de Emenda à Constituição nº 96/2015, que pretende instituir adicional sobre o ITCMD; e (c) solicitou-se ao Senado Federal, por meio do Ofício Consefaz nº 11/2015, a majoração da alíquota máxima do ITCMD de 8% para 20%.

Em paralelo, tem-se a Proposta de Reforma Tributária apresentada em agosto de 2017 na Câmara dos Deputados, sob relatoria de Luiz Carlos Hauly (PSDB/PR), que pretende que a administração do ITCMD seja de competência da União, com o objetivo de que ele se torne um

INTRODUÇÃO

significativo imposto sobre o patrimônio, como acontece nos países da Organização para a Cooperação e Desenvolvimento Econômico – OCDE[1].

Assim, com as recentes discussões em torno do ITCMD e as inúmeras vantagens e benefícios que um eficaz e correto planejamento sucessório pode oferecer ao titular do patrimônio e aos seus sucessores, aumentaram a procura e a discussão sobre o planejamento tributário aplicado aos instrumentos sucessórios, tema deste trabalho.

Para chegar ao cerne do assunto, serão analisados, inicialmente, o conceito e a legalidade do planejamento tributário, tendo em vista que a utilização deste instrumento com o único intuito de reduzir a carga tributária ainda é bastante questionada por alguns doutrinadores e pelo Fisco.

Posteriormente, com o intuito de nivelar o conhecimento do leitor e para melhor compreensão do objeto central do presente trabalho, serão abordados de forma sucinta os principais conceitos e as regras de sucessão previstas na legislação civil.

Compreendida a estrutura da sucessão hereditária, será analisado de forma didática, os aspectos tributários incidentes em alguns dos instrumentos jurídicos e financeiros que podem ser aplicados ao planejamento sucessório.

Entretanto, o presente trabalho restringir-se-á à análise da legislação do Estado de São Paulo, visto que o ITCMD é um imposto de competência estadual, ou seja, cabe a cada um dos Estados da Federação regular sobre o tema.

Desse modo, este trabalho buscará responder se os instrumentos sucessórios analisados também podem ser utilizados como instrumentos de planejamento tributário. Em caso afirmativo, buscará responder quais os benefícios tributários oferecidos e se realmente é vantajoso, do ponto de vista tributário, antecipar custos e dispender tempo e energia emocional, por ter de lidar e trabalhar com a concepção da própria morte, para elaborar um eficaz planejamento sucessório e patrimonial.

---

[1] HAULY, Luiz Carlos. Reforma Tributária Proposta. 2017. Disponível em: < http://www2.camara.leg.br/atividade-legislativa/comissoes/comissoes-temporarias/especiais/55a-legislatura/reforma-tributaria/documentos/outros-documentos/22.08.17ResumodaReformaTributria.pdf>. Acesso em 01 out. 2017.

1. Planejamento tributário

1.1 Planejamento Tributário: Conceito

O planejamento tributário é o conjunto de ações que permite ao contribuinte, pessoa física ou jurídica, organizar preventivamente seus negócios, visando à redução da carga tributária de forma lícita.

Edmar Oliveira Andrade Filho simplifica o conceito de planejamento tributário, da seguinte forma:

> [...] o planejamento tributário ou 'elisão fiscal' envolve a escolha, entre alternativas válidas, de situações fáticas ou jurídicas que visem reduzir ou eliminar ônus tributários, sempre que isso for possível nos limites da ordem jurídica[2].

Já Marco Aurélio Greco ensina que:

> No âmbito dessa permanente tensão de justos interesses, especialmente em se tratando de imposto sobre a renda (tributo a respeito do qual são desenvolvidas estas considerações) surgiu o que se convencionou chamar, na prática, de "planejamento tributário" consistente na **adoção, pelo contribuinte, de providências lícitas voltadas à reorganização de sua vida que impliquem a não ocorrência do fato gerador do imposto, ou a sua con-**

---

[2] ANDRADE FILHO, Edmar Oliveira. **Imposto de renda das empresas**. São Paulo: Atlas, 2007. p. 728.

figuração em dimensão inferior à que existiria caso não tivessem sido adotadas tais providências[3].

Em complemento aos conceitos destacados acima, cumpre afirmar que o planejamento tributário está amparado em diversos princípios constitucionais, como o Princípio da Livre Iniciativa[4], que garante ao contribuinte a liberdade de optar por uma alternativa jurídica que seja fiscalmente menos onerosa; e o Princípio da Legalidade[5], que protege os contribuintes contra os arbítrios cometidos pelo Estado, uma vez que somente a lei pode criar direitos, deveres e vedações.

Em relação aos princípios constitucionais, Miguel Delgado Gutierrez discorre que:

> Diante das inúmeras hipóteses de incidência tributária delineadas em lei, conclui-se que é impossível para um indivíduo se furtar ao pagamento de tributos. Contudo, **possui o indivíduo o direito de, legitimamente, evitar, reduzir ou postergar o pagamento de muitos ou de alguns tributos.** Ou seja, o indivíduo é livre para praticar ou não as situações descritas como hipóteses de incidência dos tributos, ou mesmo para realizar algumas, evitando realizar outras. **Isso decorre dos princípios da legalidade tributária, da tipicidade cerrada e da autonomia privada. Vale dizer, a liberdade de fazer ou não fazer alguma coisa é ampla, só encontrando limites na lei.**
> Aliás, seria absurdo e ilógico que alguém fosse obrigado por lei a praticar as hipóteses de incidência dos tributos, pois aí estaríamos diante de um confisco, ferindo-se irremediavelmente a garantia do direito de propriedade, assegurada constitucionalmente[6].

---

[3] GRECO, Marco Aurélio. **Planejamento fiscal e interpretação da lei tributária.** São Paulo: Dialética, 1998. p. 121. (Grifo nosso)
[4] Constituição Federal, art. 1º: "A República Federativa do Brasil, formada pela união indissolúvel dos Estados e Municípios e do Distrito Federal, constitui-se em Estado Democrático de Direito e tem como fundamentos:
[...]
IV – os valores sociais do trabalho e da livre-iniciativa".
[5] Constituição Federal, art. 5º: "[...]
II – ninguém será obrigado a fazer ou deixar de fazer alguma coisa senão em virtude de Lei";
[6] GUTIERREZ, Miguel Delgado. **Planejamento tributário:** elisão e evasão fiscal. São Paulo: Quartier Latin, 2006. p. 260. (Grifo nosso).

Mais especificamente em relação aos Princípios da Livre Iniciativa e da Legalidade, Miguel Delgado Gutierrez afirma que:

> Com efeito, a liberdade decorre do fato de que para a consecução de um fim, vários podem ser os meios. Podendo o indivíduo optar por vários comportamentos para atingir um fim, nada obsta que opte por aquele que lhe leve a atingir o objetivo da maneira mais benéfica para ele, desde que não infrinja nenhuma lei. Se o indivíduo fosse obrigado a adotar um único e exclusivo caminho para alcançar o seu objetivo, com o único intuito de pagar mais tributos, seu direito de liberdade estaria irremediavelmente tolhido, pois no ato de escolha é que se revela a presença de liberdade humana. Onde não é possível a escolha, não existe liberdade. Destarte, desde que o contribuinte, inteligentemente, encontre maneiras alternativas de efetuar negócios jurídicos com uma menor tributação, dentro dos limites da lei, nenhuma objeção pode lhe ser imposta[7].

Sabe-se ainda que o Brasil está entre os países da América Latina que possuem as maiores cargas tributárias e, a todo instante, ocorrem modificações na sua legislação tributária, impactando diretamente o montante de tributo devido pelo contribuinte.

Nesse contexto e em consonância com os princípios constitucionais, o planejamento tributário é uma ferramenta ideal e de suma importância para os contribuintes, tendo em vista que ninguém deve ser obrigado a escolher a alternativa que conduza ao maior recolhimento de tributos.

Assim, a elaboração de um planejamento tributário lícito é de extrema importância para que as pessoas físicas possam preservar seu patrimônio e para que as pessoas jurídicas possam sobreviver no mercado altamente competitivo, aperfeiçoar e ampliar as suas atividades.

Nesse sentido, José Eduardo Soares de Melo afirma que:

> O planejamento tributário deve constituir constante e natural preocupação das pessoas naturais e jurídicas de direito privado, que se sentem sufocadas pelos inúmeros encargos tributários afetos aos seus patrimônios, que impedem o desenvolvimento (até mesmo a sobrevivência) pessoal, empresarial,

---

[7] GUTIERREZ, Miguel Delgado. **Planejamento tributário:** elisão e evasão fiscal. São Paulo: Quartier Latin, 2006. p. 263.

econômica e a livre iniciativa (CF, arts. 3º, II e 170, IV, e parágrafo único), comprometendo a capacidade contributiva (CF, art. 145, §1º) e a dignidade humana (CF, arts. 1º, III, e 170, caput)[8].

Todavia, para que um determinado planejamento tributário seja considerado lícito e válido, é necessária a observância pelo contribuinte de determinados requisitos. Antes de adentrar no estudo da legalidade e dos critérios exigidos por lei, faz-se necessário entender os conceitos de elisão e evasão fiscal.

É importante mencionar que não existe um consenso doutrinário para a definição exata dessas duas condutas; entretanto, o resultado almejado tanto na elisão quanto na evasão fiscal é o mesmo, qual seja, evitar ou postergar o pagamento do tributo ou reduzir o valor devido.

1.1.1 Elisão Fiscal

Elisão fiscal é a utilização de condutas lícitas, que não envolve qualquer ato simulado ou fraudulento e que proporciona ao contribuinte uma economia na sua carga tributária.

Ao discorrer acerca do conceito de elisão fiscal, Hiromi Higuchi ensina que:

> A elisão fiscal, por outro lado, é a **prática de ato, com total observância de leis, para evitar a ocorrência do fato gerador de tributos.** Trata-se de planejamento tributário para economia de tributos[9].

Por se tratar de um ato lícito, a elisão constitui um verdadeiro direito do contribuinte, razão pela qual não deve ser contestado pelas autoridades fiscais. Nesse sentido, Miguel Delgado Gutierrez explicita que:

> Com efeito, o contribuinte tem a liberdade de optar, entre duas ou mais formas jurídicas disponíveis, por aquela que lhe seja fiscalmente menos onerosa. **Não existe preceito legal que proíba ao contribuinte a escolha do caminho fiscalmente menos oneroso dentre as várias possibilidades**

---

[8] MELO, José Eduardo Soares de. Planejamento tributário, in Hugo de Brito Machado (coord.), **Planejamento tributário.** São Paulo: Malheiros, 2016. p. 360.

[9] HIGUCHI, Hiromi. **Imposto de renda das empresas** – interpretação e prática. 41 Ed. São Paulo, 2016. p. 670. (Grifo nosso)

que o ordenamento jurídico oferece para a realização de um ato ou negócio jurídico. Assim, se o legislador deixou de tributar determinados fatos ou tributos de forma menos gravosa, o contribuinte pode optar por realizá-los, ao invés de praticar outros fatos que o legislador escolheu como hipóteses de incidência tributária[10].

Portanto, o contribuinte tem a liberdade e o direito assegurado pelo sistema jurídico brasileiro de organizar suas atividades, visando reduzir seus custos tributários, desde que pautados em condutas lícitas e observados determinados critérios jurídicos que serão analisados adiante.

1.1.2 Evasão Fiscal

Diferentemente da elisão, a evasão fiscal é o ato pelo qual o contribuinte utiliza-se de condutas ilícitas e dissimuladas com o único intuito de disfarçar ou ocultar a ocorrência do fato gerador.

Hiromi Higuchi conceitua a evasão fiscal da seguinte forma:

> [...] É ato praticado com violação de lei porque é posterior à ocorrência do fato gerador do tributo. **Na evasão fiscal sempre está presente a figura de simulação ou dissimulação.**
> [...]
> Na evasão fiscal, como o fato gerador do tributo já ocorreu, essa ocorrência é acobertada com roupagem jurídica simulada ou dissimulada. Uma pessoa física prestou serviços para outra pessoa física e firmou documento de doação recebida em vez de recibo de remuneração por serviços prestados para não pagar o imposto de renda. O imposto é devido porque o fato gerador ocorreu mas houve dissimulação na documentação[11].

Alguns doutrinadores diferencia a elisão da evasão por meio de dois critérios jurídicos, quais sejam, o critério da legitimidade dos meios (licitude e ilicitude dos atos praticados) e o critério cronológico.

O critério cronológico/temporal é utilizado para definir o momento em que ocorreu o fato gerador do tributo. Em resumo, será considerado

---

[10] GUTIERREZ, Miguel Delgado. **Planejamento tributário:** elisão e evasão fiscal. São Paulo: Quartier Latin, 2006. p. 73-74. (Grifo nosso)
[11] HIGUCHI, Hiromi. **Imposto de renda das empresas** – interpretação e prática. 41 Ed. São Paulo, 2016. p. 670. (Grifo nosso)

ilícito o ato praticado pelo contribuinte após a ocorrência do fato gerador que tenha como objetivo evitar, retardar ou reduzir o cumprimento da obrigação tributária.

Ao tratar do assunto, Miguel Delgado Gutierrez explicita que:

> Para a maioria dos doutrinadores, a principal distinção entre ambas deve ser feita sob o aspecto temporal. **Se o contribuinte, tendo o intuito de se esquivar da obrigação tributária, agiu ou se omitiu antes da ocorrência do fato gerador, ocorre a elisão fiscal.** Se o contribuinte agir ou se omitir no instante em que ou depois que se manifestou o pressuposto de incidência do tributo, dá-se a evasão ou fraude fiscal.
> Assim, a elisão consistiria na atividade negocial tendente a impedir o nascimento da obrigação tributária, pela não-realização do seu fato gerador, enquanto a evasão consistiria na conduta que visa ocultar o fato gerador já ocorrido[12].

Destaca-se que a análise conjunta do critério cronológico e do critério da legitimidade dos meios é a forma mais correta para a diferenciação dos atos que correspondem à elisão e à evasão fiscal, uma vez que a análise isolada do critério cronológico pode ser falha, por exemplo, nos casos em que o comerciante primeiro emite as notas fiscais adulteradas para, somente depois, promover a saída da mercadoria de seu estabelecimento.

Ao tratar sobre o assunto, Sacha Calmon Navarro Coêlho explica que:

> Tanto na evasão comissiva ilícita como na elisão fiscal existe uma ação do contribuinte, intencional, com o objetivo de não pagar ou pagar tributo a menor. As diferencia: (a) **a natureza dos meios empregados**. Na evasão ilícita os meios são sempre ilícitos (haverá fraude ou simulação de fato, documento ou ato jurídico. Quando mais de uma agente participar dar-se-á conluio). Na elisão os meios são sempre lícitos porque não vedados pelo legislador; (b) também, **o momento da utilização desses meios**. Na evasão ilícita a distorção da realidade ocorre no momento em que ocorre o fato jurígeno-tributário (fato gerador) ou após a sua ocorrência. Na elisão, a

---

[12] GUTIERREZ, Miguel Delgado. **Planejamento tributário:** elisão e evasão fiscal. São Paulo: Quartier Latin, 2006. p. 76. (Grifo nosso)

utilização dos meios ocorre antes da realização do fato jurígeno-tributário, ou como aventa Sampaio Dória, antes que se exteriorize a hipótese de incidência tributária, pois, opcionalmente, o negócio revestirá a forma jurídica alternativa a descrita na lei como pressuposto de incidência ou pelo menos revestirá a forma menos onerosa[13].

Desse modo, somente a partir da junção e análise de ambos os critérios é que se pode afirmar se um determinado ato constitui elisão ou evasão fiscal.

---

[13] COÊLHO, Sacha Calmon Navarro. **Teoria da evasão e da elisão em matéria tributária.** Planejamento fiscal: teoria e prática. São Paulo: Dialética, 1998. p. 174. (Grifo nosso)

2. Legalidade do planejamento tributário

Conforme visto alhures, o contribuinte é livre para planejar seus negócios de modo que lhe seja mais vantajoso, desde que utilize condutas lícitas. Por tal razão, é correto afirmar que o planejamento tributário tem limites e, para que seja considerado lícito, o contribuinte deve observar determinados critérios.

Nesse sentido, Miguel Delgado Gutierrez afirma que:

> Não se nega que os contribuintes têm o direito de agir, em sua vida negocial, de modo, a não pagar tributos ou a incidir numa menor carga tributária, desde que ajam em conformidade com o ordenamento jurídico, no sentido de que suas atitudes sejam lícitas e não contrariem qualquer disposição legal. Seria absurdo que alguém que se visse diante de vários caminhos lícitos para alcançar o mesmo resultado, optasse justamente pelo meio mais oneroso do ponto de vista tributário. Questão primordial que se coloca, entretanto, relaciona-se com os limites entre a prática da elisão e da fraude fiscal[14].

Todavia, não há um ponto de convergência na doutrina e na jurisprudência administrativa em torno dos critérios que devem ser observados para aferir a legalidade do planejamento tributário.

---

[14] GUTIERREZ, Miguel Delgado. **Planejamento tributário: elisão e evasão fiscal**. São Paulo: Quartier Latin, 2006. p. 106.

Por essa razão, Marco Aurélio Greco, ao falar sobre planejamento tributário, afirma que:

> O tema do planejamento é dos que mais acende as paixões dos que atuam no campo do direito tributário; seja porque uns (contribuintes) se sentem ameaçados por qualquer visão ou teoria que admita a menor possibilidade que seja de o Fisco desconsiderar as operações que realizam; seja porque outros (do lado do Fisco) ficam indignados com operações meramente formais que em nada alteram a substância empresarial, funcional, de mercado ou econômica da atividade dos contribuintes, mas que têm o efeito relevante de uma imensa redução na arrecadação que existiria não fossem elas. **Em suma, o tema planejamento não é tema que possa passar despercebido ao tributarista deste fim de século**[15].

A fim de elucidar melhor o assunto da legalidade do planejamento tributário, é importante mencionar a Lei Complementar nº 104, de 10 de janeiro de 2001, que introduziu o parágrafo único no artigo 116 do Código Tributário Nacional[16], tendo em vista que alguns doutrinadores defendem que este dispositivo instituiu no ordenamento jurídico brasileiro uma norma geral antielisiva.

No entanto, a rápida leitura da norma supracitada permite verificar que a elisão fiscal continua válida no Brasil, ou seja, o legislador apenas coibiu o que a doutrina chama de evasão fiscal, não impactando, portanto, o planejamento tributário que tenha observado o critério da legitimidade dos meios e o critério cronológico, visto no subcapítulo 1.1.2 deste trabalho.

Ao falar sobre a Lei Complementar nº 104, de 10 de janeiro de 2001, José Eduardo Soares de Melo afirma que:

> A simples leitura da LC 104 evidencia que não se cogita de abstrair-se a legitimidade dos autênticos atos ou negócios jurídicos, mas apenas desconsi-

---

[15] GRECO, Marco Aurélio. **Planejamento fiscal e interpretação da lei tributária**. São Paulo: Dialética, 1998. p. 137. (Grifo nosso).

[16] Art. 116. [...]
Parágrafo único. A autoridade administrativa poderá desconsiderar atos ou negócios jurídicos praticados com a finalidade de dissimular a ocorrência do fato gerador do tributo ou a natureza dos elementos constitutivos da obrigação tributária, observados os procedimentos a serem estabelecidos em lei ordinária.

derá-los no caso de os mesmos ocultarem (dissimularem) os verdadeiros procedimentos dos contribuintes.

O advento da LC 104 não elimina e nem cerceia o planejamento tributário, que continua constituindo um direito de pessoas naturais e jurídicas de ordenarem suas atividades e negócios profissionais, pautados pelo princípio da autonomia da vontade e de conformidade com os institutos, conceitos e formas previstas pelo legislador. Decorrendo a natural minoração ou inexistência de carga tributária não poderão ser desconsiderados os atos e operações jurídicas[17].

Nesse sentido, Hiromi Higuchi ensina que:

O parágrafo único do art. 116 do CTN, acrescido pela Lei Complementar nº 104, de 2001, dispõe que a autoridade administrativa poderá desconsiderar atos ou negócios jurídicos praticados com a finalidade de dissimular a ocorrência do fato gerador do tributo ou a natureza dos elementos constitutivos da obrigação, observados os procedimentos a serem estabelecidos em lei ordinária.

O disposto naquele parágrafo não é autoaplicável porque depende de procedimentos a serem estabelecidos em lei ordinária. **O parágrafo não é aplicável aos casos de elisão fiscal mas tão somente para evasão fiscal. Isso porque, a desconsideração é somente de atos ou negócios jurídicos praticados com dissimulação**[18].

Merece destaque também o fato da ausência de regulamentação por lei ordinária do parágrafo único do artigo 116 do Código Tributário Nacional, conforme prevê o seu enunciado.

O artigo 14 da Medida Provisória nº 66, de 29 de agosto de 2002, buscou regular o assunto ao introduzir o critério subjetivo do propósito negocial (*business purpose*), que sustenta a ideia de que, nos casos em que a finalidade do contribuinte for tão somente a minimização do impacto da tributação, os atos praticados por ele devem ser tributados.

---

[17] MELO, José Eduardo Soares de. Planejamento Tributário e a Lei Complementar 104. In. ROCHA, Valdir de Oliveira (Coord.). **O planejamento tributário e a lei complementar 104**. São Paulo: Dialética, 2001. p. 179.
[18] HIGUCHI, Hiromi. **Imposto de renda das empresas** – interpretação e prática. 41 Ed. São Paulo, 2016. p. 670. (Grifo nosso)

O conceito do propósito negocial foi importado da jurisprudência norte-americana e busca questionar se uma determinada operação seria realizada da mesma forma caso não existissem as vantagens tributárias então geradas.

Hugo de Brito Machado define o propósito negocial da seguinte forma:

> Entende-se por "propósito negocial" o que os americanos chamam *business purpose* – expressão com a qual designam o propósito ou motivação que ordinariamente está presente, porque enseja a atividade empresarial. É o propósito ligado aos objetivos visados pela empresa, ou de algum modo ligados à sua atuação no mercado.
> **Assim, os atos ou negócios jurídicos praticados pelas empresas em geral teriam de estar ligados às suas finalidades, à sua atuação no mercado. A ausência dessa ligação poderia ser acolhida pela autoridade da Administração Tributária como motivo para desconsiderar o ato ou negócio jurídico do qual resultasse a exclusão ou a redução de um tributo ou a postergação do prazo para seu pagamento.**
> As empresas teriam de desenvolver suas atividades sem qualquer influência dos tributos sobre suas decisões. Não poderiam optar por um negócio jurídico em vez de outro para evitar, reduzir ou postergar um tributo[19].

Quando da conversão da Medida Provisória nº 66, de 29 de agosto de 2002, na Lei nº 10.637, de 30 de dezembro de 2002, tal disciplina foi suprimida, razão pela qual o critério do propósito negocial não pode ser utilizado no Brasil para validar, ou não, um determinado planejamento tributário, pois não tem previsão no ordenamento pátrio.

Para Hiromi Higuchi, caso o artigo 14 da Medida Provisória nº 66, de 29 de agosto de 2002, tivesse sido convertido em lei, a legalidade do planejamento tributário seria analisada por meio de critérios exclusivamente subjetivos, veja-se:

> A aplicação do art. 14 da MP nº 66, de 2002, seria feita exclusivamente pelos critérios e avaliações subjetivas de cada agente fiscalizador para desconsideração de atos e negócios jurídicos, principalmente os efetuados de

---

[19] MACHADO, Hugo de Brito. **Introdução ao planejamento tributário**. São Paulo: Malheiros, 2014. p. 115-116. (Grifo nosso)

forma indireta. Então, qual a segurança jurídica dos contribuintes brasileiros? Nenhuma[20].

Contudo, mesmo sem previsão no plano normativo, o critério do propósito negocial é considerado de forma indevida pelo Fisco como essencial para a validade do planejamento tributário.

Ainda, conforme se verifica abaixo, existem decisões administrativas do Conselho Administrativo de Recursos Fiscais – CARF que corroboram esse entendimento:

ÁGIO INTERNO. ÁGIO DE SI MESMO. FALTA DE PROPÓSITO NEGOCIAL NA CRIAÇÃO DA RECORRENTE. ARTIFICIALIDADE.
Apesar de não ter havido configuração de empresa veículo, a Recorrente foi criada para gerar o ágio, pois a empresa incorporada por ela, ou mesmo a empresa uruguaia, poderia ter se tornado o tal Centro de Serviços Compartilhados. A criação da Recorrente no mesmo endereço da incorporada, com transferência de ativos, operações e funcionários desta para aquela, **revela uma estratégia, sem propósito negocial, traçada para gerar a redução da tributação**. (CARF. Recurso Voluntário nº 16561.720141/2013-50. Programas de Computador, Participações e Serviços Ltda. e Fazenda Nacional. Rel. Cons. Marcos de Aguiar Villas-Bôas. Brasília, 05 abr. 2016; destaque nosso)

ÁGIO. SIMULAÇÃO. INDEDUTIBILIDADE. OPERAÇÕES SEM PROPÓSITO NEGOCIAL.
Nas operações estruturadas em sequência, o fato de cada uma delas, isoladamente e do ponto de vista formal, ostentar legalidade, **não garante a legitimidade do conjunto das operações, quando restar comprovado que os atos foram praticados sem propósito negocial**, vez que não houve no presente caso a incorporação da real investidora, afastando a possibilidade da amortização do ágio pago na aquisição. (CARF. Recurso Voluntário nº 16561.720025/2014-11. Hypermarcas S.A e Fazenda Nacional. Rel. Cons. Demetrius Nichele Macei; Brasília, 08 jun. 2016; destaque nosso)

GANHO DE CAPITAL. CONSTITUIÇÃO DE SOCIEDADE SEM PROPÓSITO NEGOCIAL. PLANEJAMENTO TRIBUTÁRIO ABUSIVO.

---

[20] HIGUCHI, Hiromi. **Imposto de renda das empresas** – interpretação e prática. 41 Ed. São Paulo, 2016. p. 671.

O sólido e convergente acervo probatório produzido nos autos demonstra que o contribuinte valeu-se da criação de uma sociedade, para a alienação de bens classificados em seu ativo permanente, evadindo-se da devida apuração do respectivo ganho de capital, **por meio de simulação, que é reforçada pela ausência propósito negocial para sua realização.**
MULTA DE OFÍCIO QUALIFICADA. SIMULAÇÃO.
Comprovadas a simulação e o intuito fraudulento, caracterizado pelo dolo especifico, impõe-se a aplicação da multa de 150%.
Recurso Especial do Contribuinte Negado. (CARF. Recurso Especial nº 11080.723307/2012-06. Transpinho Madeiras Ltda. e Saiqui Empreendimentos Imobiliários Ltda. e Fazenda Nacional. Rel. Cons. Marcos Aurélio Pereira Valadão; Brasília, 18 ago. 2016; destaque nosso)

Um dos defensores da teoria do propósito negocial no Brasil, Marco Aurélio Greco, sustenta que o planejamento tributário que tem como único propósito a redução ou a não incidência de tributos não pode ser considerado válido, mesmo nos casos em que tenham sido observados os dois requisitos de legalidade, quais sejam, o critério de legitimidade dos meios e o critério cronológico; veja-se:

O que se diz é que o exercício dessa liberdade deve decorrer de circunstâncias ou eventos ligados à conveniência pessoal, a interesses de ordem familiar, a questões de natureza econômica ou ligadas ao desenvolvimento da empresa, ao seu aprimoramento ou à melhoria de sua eficiência etc. Sempre que assim for, o direito estará sendo utilizado na finalidade que lhe é própria e sem qualquer abuso. Portanto, nestes casos, não cabe a desqualificação com a inibição dos efeitos fiscais.
Ou seja, sempre que o exercício da auto-organização se apoiar em causas reais e não unicamente fiscais, a atividade do contribuinte era irrepreensível e contra ela o Fisco nada poderá objetar devendo aceitar os efeitos jurídicos dos negócios realizados.
[...]
No entanto, os negócios jurídicos que não tiverem nenhuma causa real, a não ser conduzir a um menor imposto, terão sido realizados em desacordo com o perfil objetivo do negócio e, como tal, assumem um caráter abusivo; neste caso, o Fisco a eles pode se opor, desqualificando-os fiscalmente para qualificá-los segundo a descrição normativo-tribu-

tária pertinente à situação que foi encoberta pelo desnaturamento da função objetiva do ato. **Ou seja, apenas se tiver como objetivo exclusivo a redução da carga tributária, ter-se-á uso abusivo do direito.**
[...] não se está dizendo que o contribuinte "é obrigado a optar pela forma mais onerosa", ou que deverá "pagar o mais imposto possível". Não!
Conforme diversas vezes afirmado acima, o contribuinte tem o direito de auto-organizar; tem o direito de dispor a sua vida como melhor lhe aprouver; não está obrigado a optar pela forma fiscalmente mais onerosa. Porém, o que se disse acima é que **esta reorganização deve ter uma causa qualquer, uma razão de ser, um motivo que não seja exclusivamente fiscal.**
Sublinhei o termo "exclusivamente" pois este é o conceito chave. Se uma determinada operação ou negócio privado tiver uma finalidade de reduzir imposto mas também uma finalidade empresarial, o direito de auto-organização foi adequadamente utilizado. Não haverá abuso! O Fisco nada poderá objetar![21]

Marco Aurélio Greco conclui ainda que:

Em suma, não há dúvida que o contribuinte tem o direito, encartado na Constituição Federal, de organizar sua vida da maneira que melhor julgar. Porém, o exercício deste direito supõe a existência de causas reais que levem a tal atitude. A auto-organização com a finalidade *exclusiva* de pagar menor imposto configura abuso de direito. Como tal, o Fisco, desde que prove tratar-se de operação com esta *única* razão, pode, sem que isto implique em decretação da ilicitude da operação, recusar-se a aceitar seus efeitos no âmbito fiscal, tratando a situação concreta como se ela, para fins fiscais, não tivesse existido. A prova da causa exclusiva não é do contribuinte pois, estando ele no exercício de um direito constitucionalmente garantido, este *onus probandi* cabe ao que se julgar prejudicado (o Fisco), que deverá demonstrar o excesso (ou abuso) no seu exercício[22].

Ocorre que, em que pese o Fisco e alguns aplicadores do direito utilizarem e defenderem a tese de Marco Aurélio Greco para validar, ou

---

[21] GRECO, Marco Aurélio. **Planejamento fiscal e interpretação da lei tributária**. São Paulo: Dialética, 1998. p. 134. (Grifo nosso)
[22] GRECO, Marco Aurélio. **Planejamento fiscal e interpretação da lei tributária**. São Paulo: Dialética, 1998. p. 136.

não, um determinado planejamento tributário, a exigência do *business purpose* é claramente inconstitucional, uma vez que, além de não constar no ordenamento jurídico pátrio, causa insegurança jurídica nos contribuintes.

Nesse aspecto, é importante mencionar e dar ênfase aos Princípios Constitucionais, em especial, ao Princípio da Segurança Jurídica, pois o contribuinte não pode ficar sujeito ao entendimento subjetivo de determinado julgador, o que comprometeria a eficácia do ordenamento jurídico.

Em relação ao Princípio da Segurança Jurídica, José Eduardo Soares de Melo ensina que:

> Em sentido estrito, a segurança manifesta-se como uma exigência objetiva de regularidade estrutural e funcional do sistema jurídico, através de suas normas e instituições. Em sua face subjetiva, apresenta-se como certeza do Direito, isto é, como projeção das situações pessoais. Em decorrência de sua publicidade, o sujeito de um ordenamento jurídico pode saber com clareza, e previamente, aquilo que é mandado, permitido ou proibido[23].

Sobre essa incerteza que vive o contribuinte em relação ao planejamento tributário, Ives Gandra da Silva Martins afirma que:

> [...] admitir que o agente fiscal possa desconsiderar uma operação legítima, praticada pelo contribuinte por entendê-la como a solução mais eficiente, do ponto de vista econômico e empresarial, apenas porque, para o Fisco, o melhor seria que o contribuinte tivesse praticado uma outra operação que garantisse aos cofres públicos maior arrecadação, **é gerar, permanentemente, a insegurança jurídica. É fazer com que o contribuinte viva em constante estado de incerteza, podendo ser surpreendido a qualquer tempo, durante o lapso decadencial – ou além dele – pela desconsideração de seus atos fundada em mero palpite da fiscalização,** em violação manifesta à estabilidade das relações jurídicas e da ordem social e econômica, queridas pela lei suprema, a julgar pelas normas plasmadas[24].

---

[23] MELO, José Eduardo Soares de. **Curso de direito tributário**. 10 Ed. São Paulo: Dialética, 2012. p. 47.

[24] MARTINS, Ives Granda da Silva. **Norma antielisão tributária e o princípio da legalidade à luz da segurança jurídica**. São Paulo: Dialética, 2005. p. 131. (Grifo nosso)

Já o Princípio da Legalidade, como já dito alhures, garante que ninguém é obrigado a fazer ou deixar de fazer alguma coisa senão em virtude de lei. A pessoa jurídica e/ou natural tem o direito de organizar suas atividades da maneira que lhe convier, desde que respeitada a lei.

Assim, não pode o Fisco desconsiderar o negócio jurídico praticado pelo contribuinte com o único argumento de que a conduta praticada não teve um propósito negocial, além da economia tributária. Frise-se, se isso fosse possível, estaria sendo respeitado o Princípio da Legalidade? E o Princípio da Segurança Jurídica?

Ademais, o simples objetivo do contribuinte de reduzir, postergar ou evitar, de forma lícita, a incidência do tributo para poder, por exemplo, aumentar a competitividade, ampliar seus negócios, não seria um propósito negocial?

Cumpre destacar o entendimento de Alfredo Augusto Becker, que defende que o contribuinte é livre para organizar os seus negócios, buscando unicamente um melhor resultado econômico, com a redução de despesas em geral, inclusive com a redução de tributos, desde que, obviamente, não viole nenhuma lei. Veja-se:

> É aspiração naturalíssima e intimamente ligada à vida econômica, a de se procurar determinado resultado econômico com a maior economia, isto é, com a menor despesa (e os tributos que incidirão sobre os atos e fatos necessários à obtenção daquele resultado econômico, são parcelas que integrarão a despesa); Ora, **todo o indivíduo, desde que não viole regra jurídica, tem a indiscutível liberdade de ordenar seus negócios de modo menos oneroso, inclusive tributariamente**. Aliás, seria absurdo que o contribuinte, encontrando vários caminhos legais (portanto, lícitos) para chegar ao mesmo resultado, fosse escolher justamente aquele meio que determinasse pagamento de tributo mais elevado[25].

Em continuidade, Alfredo Augusto Becker sustenta que:
No Estado de Direito, as Constituições têm consagrado a regra de que "ninguém pode ser obrigado a fazer ou deixar de fazer alguma coisa senão em virtude de lei". Por conseguinte, para que o contribuinte seja obrigado a

---

[25] BECKER, Alfredo Augusto. **Teoria geral do direito tributário**. 3 Ed. São Paulo: Lejus, 1998. p. 136. (Grifo nosso).

adotar o caminho tributariamente mais oneroso é, absolutamente necessário, que exista regra jurídica que o obrigue a tal escolha[26].

Nesse sentido, o CARF vem mudando o seu posicionamento ao admitir o planejamento tributário nos casos em que o contribuinte visa apenas à redução ou a não incidência de tributos, desde que tenha se pautado em condutas lícitas e em observância aos critérios já analisados no presente trabalho, veja-se:

REQUISITOS PARA DEDUTIBILIDADE DO ÁGIO. EXISTÊNCIA DE PROPÓSITO NEGOCIAL.
Ausente conduta tida como simulada, fraudulenta ou dolosa, a busca de eficiência fiscal em si não configura hipótese de perda do direito de dedução do ágio, ainda que tenha sido a única razão aparente da operação. A existência de outras razões de negócio que vão além do benefício fiscal, apenas ratifica a validade e eficácia da operação.

UTILIZAÇÃO DE EMPRESA-VEÍCULO. LEGALIDADE. MANUTENÇÃO DA DEDUTIBILIDADE DO ÁGIO.
A utilização de empresa-veículo que viabilize o aproveitamento do ágio, por si só, não desfigura a operação e invalida a dedução do ágio, se ausentes a simulação, dolo ou fraude. (CARF. Recurso Voluntário nº 10880.734249/2001-79. Serasa S.A e Fazenda Nacional. Rel. Cons. Luis Fabiano Alves Penteado. Brasília, 14 set. 2016; destaque nosso)

PLANEJAMENTO TRIBUTÁRIO. PROPÓSITO NEGOCIAL. EMPRESA VEÍCULO.
Os dispositivos legais concernentes ao registro e amortização do ágio fiscal não vedam que as operações societárias sejam realizadas, única e exclusivamente, com fins ao aproveitamento do ágio. Bem como, nota-se que tal regra não está presente em nenhum outro dispositivo legal de nosso sistema jurídico, seja nacional ou federal. **Neste tom, registra-se, nenhuma norma pátria veda que a realização de negócios tenha por finalidade a redução da carga tributária – de forma lícita.** É o que se observa no § 3º, art. 2º da Lei das SA, o qual dispõe que a companhia pode ter por objeto

---

[26] BECKER, Alfredo Augusto. **Teoria geral do direito tributário.** 3 Ed. São Paulo: Lejus, 1998. p. 136-137.

participar de outras sociedades (empresa veículo), também, como forma de beneficiar-se de incentivos fiscais.
[...] (CARF. Recurso Voluntário nº 19515.720386/2012-40. Companhia Luz e Força Santa Cruz e Fazenda Nacional. Rel. Cons. Talita Pimenta Felix. Brasília, 14 set. 2016; destaque nosso)

PLANEJAMENTO TRIBUTÁRIO. PROPÓSITO NEGOCIAL. EMPRESA VEÍCULO.
Os dispositivos legais concernentes ao registro e amortização do ágio fiscal não vedam que as operações societárias sejam realizadas, única e exclusivamente, com fins ao aproveitamento do ágio. **O legislador tributário, não desconsidera o fato de o contribuinte buscar uma maneira menos onerosa de conduzir seus negócios, seja por motivos tributários, societários, econômicos ou quaisquer outros, desde que o faça licitamente.**
A utilização de empresa-veículo que viabilize o aproveitamento do ágio, por si só, não desfigura a operação e invalida a dedução do ágio, se ausentes a simulação, dolo ou fraude. (CARF. Recurso Voluntário nº 16561.720167//2014-89. Raia Drogasil S.A e Fazenda Nacional. Rel. Cons. Marcos Antonio Nepomuceno Feitosa. Brasília, 16 fev. 2017; destaque nosso)

Merece destaque o voto do Conselheiro do CARF Luiz Flávio Neto, no julgamento do Recurso Especial n. 11080.723307/2012-06:

Neste cenário, retorna-se à questão: **qual a competência da administração fiscal e, ainda, dos Conselheiros do CARF, para desconsiderar os efeitos jurídicos praticados pelo contribuinte e que tenham como consequência a redução ou o diferimento do ônus fiscal?**
A resposta parece ser clara: a administração fiscal apenas pode considerar imponíveis atos simulados. **Como não há lei que outorgue à administração fiscal a competência para a desconsideração dos efeitos jurídicos que defluiriam de atos que não possam ser qualificados como simulados, não é suficiente que a fiscalização subjetivamente repute um determinado planejamento tributário como "abusivo".**
Nos limites da competência que me foi outorgada pelo sistema jurídico vigente, portanto, cabe-me julgar como correto o lançamento nas hipóteses em que a administração fiscal tenha cumprido o seu ônus probatório de demonstrar a ocorrência de atos simulados pelo contribuinte, engendrados com o dolo de evadir tributos, o que enseja a qualificação da multa

para 150% e todas as demais consequências. Com a mesma carga mandatória, cabe-me julgar como indevida, por ilegalidade, a desconsideração de reestruturação patrimonial efetivamente levada a termo pelo contribuinte, em que não reste demonstrada a ocorrência de atos simulados, fraudulentos, com o dolo de evadir tributos. (CARF. Recurso Especial nº 11080.723307/2012-06. Transpinho Madeiras Ltda.; Saiqui Empreendimentos Imobiliários Ltda. e Fazenda Nacional. Brasília, 18 ago. 2016. p. 31-31; destaque nosso)

Também merece destaque o trecho do voto do Conselheiro do CARF Luis Fabiano Alves Penteado, no julgamento do Recurso de Ofício n. 10920.722805/2011-41:

[...] **cumpre-se definir, de início, que os conceitos de propósito negocial e substância econômica carecem de fundamento legal, tornando-se subjetivos e abrangentes.**
Veja, não são elementos aceitos e incorporados pelo ordenamento jurídico brasileiro, inexistindo qualquer dispositivo legal que lhes deem substrato.
[...]
Primeiramente, é importante ressaltar que temos presenciado com preocupante frequência, a utilização pelo Fisco da teoria do propósito negocial por meio do qual defende que a simples ausência – sob a ótica do fisco – de outros motivadores para a operação que não o alcance do benefício fiscal, já é elemento suficiente que invalida os atos do contribuinte ou, ao menos, inviabiliza o benefício fiscal almejado.
[...]
Desta forma, o conceito a ser adotado para definir o propósito negocial deve ser no sentido de considerar a busca pela redução das incidências tributárias, por si, como um propósito negocial que viabiliza a economia tributária. Já temos importantes precedentes no CARF nesta direção:
[...]
Assim, me parece claro que a simples alegação de ausência de **propósito negocial não é suficiente para a desconsideração, para fins fiscais, dos atos societários perpetrados pela autuada, até mesmo porque, uma vez utilizados instrumentos legais e inexistindo a fraude, simulação ou abuso de direito, a economia tributária pode ser considerada um**

propósito negocial. (CARF. Recurso de Ofício nº 10920.722805/2011-41. Fazenda Nacional e RF Reflorestadora S.A. Brasília, 13 set. 2016. p. 16-20; destaque nosso)

Desta forma, para que não haja dúvidas a respeito da legalidade de um determinado planejamento tributário, basta que sejam realizadas as três perguntas transcritas abaixo. Caso as respostas sejam afirmativas, é cristalino que o planejamento tributário deve ser admitido e considerado lícito:

> 1 – a economia fiscal decorreu de ato ou omissão anterior à ocorrência do fato gerador?
> 2 – a economia fiscal decorreu de ato ou omissão praticados sem infração à lei?
> 3 – a economia fiscal decorreu de ato ou omissão efetivamente ocorridos, tal como refletidos na respectiva documentação e escrituração, e sem terem sido adulterados nestas?[27]

Conclui-se, portanto, que, tendo o contribuinte respeitado e observado o critério da legitimidade dos meios (pautados em condutas lícitas) e o critério cronológico (ato ou omissão anterior ao fato gerador), não pode e não deve a autoridade fiscal questionar a opção do contribuinte de reduzir sua carga tributária, até mesmo pelo simples fato de não constar essa previsão no ordenamento pátrio. Caso fosse possível, o contribuinte estaria diante de um verdadeiro confisco, por não estar sendo respeitado seu direito constitucionalmente assegurado.

---

[27] OLIVEIRA, Ricardo Mariz de. **Fundamento do imposto de renda**. São Paulo: Revista dos Tribunais, 1977. p. 303.

3. Planejamento sucessório

O planejamento sucessório nada mais é que a adoção de medidas preventivas pelo titular do patrimônio com relação ao destino de seus bens após a morte, visando à preservação do patrimônio adquirido no decorrer da vida pelos sucessores e, consequentemente, a redução da carga tributária incidente na transmissão *causa mortis* do patrimônio.

Maria Berenice Dias, ao falar sobre planejamento sucessório, afirma que:

> Passou a se chamar de planejamento sucessório a adoção de uma série de providências visando preservar a autonomia da vontade e prevenir conflitos futuros. A falta de pragmáticas e efetivas soluções faz com que os titulares de patrimônio e empresas familiares busquem caminhos para planificar a transmissão de seus bens, recorrendo a intricados, complexos e caros expedientes na tentativa de assegurar a continuidade e o bom governo da sociedade familiar e do acervo privado.
>
> Tanto no planejamento patrimonial como o sucessório, são buscados caminhos legais no propósito de planificar a melhor administração dos bens, para a preservação do patrimônio pessoal ou empresarial[28].

Já o professor Daniel Monteiro Peixoto afirma que:

> Planejar a sucessão significa organizar o processo de transição do patrimônio levando em conta aspectos como (i) ajuste de interesses entre os

---

[28] DIAS, Maria Berenice. **Manual das sucessões**. 4 Ed. São Paulo: Revista dos Tribunais, 2016. p. 394.

herdeiros na administração dos bens, principalmente quando compõem capital social de empresa, aproveitando-se da presença do fundador como agente catalisador de expectativas conflitantes, (b) organização do patrimônio, de modo a facilitar a sua administração, demarcando com clareza o ativo familiar do empresarial, (iii) redução de custos com eventual processo judicial de inventário e partilha que, além de gravoso, adia por demasiado a definição de fatores importantes na continuidade da gestão patrimonial, e, por último, (iv) conscientização acerca do impacto tributário dentre as várias opções lícitas de organização do patrimônio, previamente à transferência, de modo a reduzir o seu custo[29].

É inquestionável que trabalhar com a concepção da própria morte é desagradável; todavia, é imprescindível conviver com ela para a correta elaboração e estruturação de um eficaz planejamento sucessório e tributário. Além da importância de se constituir um patrimônio, é ainda mais importante conseguir preservá-lo por gerações.

Assim, o planejamento sucessório proporciona segurança e garantia jurídica aos futuros herdeiros, pois permite que a sucessão patrimonial ocorra dentro dos parâmetros previamente estabelecidos pelo titular do patrimônio.

Nesse sentido, Mário Tavernard Martins de Carvalho afirma que:

> A morte consiste no fim de um ciclo, sendo certa sua ocorrência. Todos morreremos. Ao mesmo tempo que se reconhece ser a vida finita, é impossível precisar o momento exato desse fim. De todo modo, a morte é individual e atinge especificamente o ser, sendo que algumas relações jurídicas, apesar de obviamente não mais possuírem o *de cujus* como parte, permanecem e continuam gerando efeitos jurídicos, especialmente na esfera dos familiares deste[30].

---

[29] PEIXOTO, Daniel Monteiro. Sucessão familiar e planejamento tributário I. In. SANTI, Eurico Marcos Diniz de. (Coord.). **Estratégias societárias, planejamento tributário e sucessório**. São Paulo: Saraiva, 2010. p. 169.

[30] CARVALHO, Mário Tavernard Martins de. Planejamento sucessório no âmbito da empresa familiar. In. COELHO, Fábio Ulhoa; FÉRES, Marcelo Andrade (Coords.). **Empresa familiar**: estudos jurídicos. Saraiva, 2014. p. 446.

No mesmo sentido, Arnaldo Rizzardo diz que:

Na humanidade nada é eterno, duradouro ou definitivo. É o homem perseguido pelo estigma de sua finitude, que o acompanha em sua consciência e limita os anseios no futuro. Esta a verdade mais concreta, dura e incontestável. Mas a sucessão, de algum modo, tem uma sensação de prolongamento da pessoa, ou de atenuação do sentimento do completo desaparecimento, especialmente quando são realizadas obras que refletem o ser daquele que morre, e que o tornam vivo ou presente nas memórias[31].

Gladston Mamede e Eduarda Cotta Mamede esclarecem os benefícios familiares e tributários de um adequado planejamento sucessório ao afirmar que:

Mesmo quando não se está diante dos riscos de disputas entre os herdeiros ou de uma possível incapacidade para gerir eficazmente o patrimônio e os negócios da família, o evento morte, por si só, oferece incontáveis desafios que podem ser, senão evitados, simplificados quando a família recorre a um planejamento prévio. Não se pode esquecer que a morte lança os herdeiros e o patrimônio familiar nas teias burocráticas dos procedimentos de inventário, os quais, por mais competentes que sejam os advogados, podem se desenrolar por um longo período. Some-se a incidência de tributos, que, infelizmente, podem se elevar quando as pessoas agem de forma improvisada. Em muitos casos, a falta de planejamento faz com que sejam praticados diferentes atos, muitos deles considerados hipóteses de incidência tributária, o que conduz à obrigação de pagar mais e mais tributos quando, em oposição, o planejamento pode definir, de forma lícita e legítima, caminhos com menor oneração fiscal[32].

---

[31] RIZZARDO, Arnaldo. Direito das sucessões: Lei 10.406, de 10-01-2009. 5 ed. Rio de Janeiro: Forense, 2009. p. 18. **Conforme** CARVALHO, Mário Tavernard Martins de. Planejamento Sucessório no Âmbito da Empresa Familiar. In. COELHO, Fábio Ulhoa; FÉRES, Marcelo Andrade (Coords.). **Empresa familiar**: estudos jurídicos. São Paulo: Saraiva, 2014. p. 446.
[32] MAMEDE, Gladston; MAMEDE, Eduarda Cotta. **Holding familiar e suas vantagens**: planejamento jurídico e econômico do patrimônio e da sucessão familiar. São Paulo: Atlas, 2017. p. 99-100. (Grifo nosso)

Não são raros os casos em que a falta de um planejamento sucessório acarretou desavenças entre os herdeiros e comprometeu o patrimônio de toda família. Nos casos de empresas familiares, por exemplo, estudos apontam que apenas 30% conseguem sobreviver à segunda geração[33].

De acordo com a "Pesquisa Global sobre Empresas Familiares no Brasil 2016[34]", divulgada pela PWC Brasil, apenas 19% das empresas familiares brasileiras têm um plano de sucessão. A pesquisa apontou ainda que apenas 12% das empresas familiares no mundo chegam à terceira geração.

Ao discorrer acerca da necessidade do planejamento sucessório, Mário Tavernard Martins de Carvalho expressa que:

> O patrimônio é a universalidade de direitos e obrigações pecuniários pertencentes a uma pessoa. **Dessa forma, considerando a diversidade de bens que compõem o patrimônio deixado pelo *de cujus* e a pluralidade de herdeiros, é improvável que estes consigam encontrar um denominador comum que concilie os múltiplos interesses envolvidos.** A designação de bens específicos para cada herdeiro pode não ser viabilizada e a venda e apuração dos valores correspondentes nem sempre é a solução mais acertada. **Frisa-se que esse momento é propício inclusive para despertar desavenças familiares antigas. Nesse contexto, o consenso, muitas vezes, não é alcançado. Não há que se falar também em bom senso, que seria apto a definir a situação, pois este é demasiadamente subjetivo.**
>
> Assim, o processo de inventário, que culminaria na partilha, arrasta-se por anos ou décadas, em razão da desconfiança e conflitos existentes, comprometendo as relações familiares. Enquanto isso, a situação dos herdeiros fica sobrestada e essa delonga pode ser bastante prejudicial no tocante ao aproveitamento e fruição do patrimônio. Por fim, o juiz, a quem incumbe definir, visto a impossibilidade de opções alternativas, decide pela manutenção do condomínio no tocante a todos os bens existentes. Longe de ser uma

---

[33] Disponível em: <http://www.sebrae-sc.com.br/newart/default.asp?materia=10410 http://vanzolini.org.br/noticia/95-das-empresas-familiares-sao-extintas-no-processo-de--sucessao-segunda-ou-terceira-geracao/> Acesso em 10 jun. 2017.

[34] PWC. Pesquisa global sobre empresas familiares 2016. Disponível em <http://www.pwc.com.br/pt/setores-de-atividade/empresas-familiares/2017/tl_pgef_17.pdf.> Acesso em 14 ago. 2017.

pacificação, que é um dos escopos da jurisdição, essa relação condominial contribui para perpetuar os conflitos[35].

No mesmo sentido, Fernando Mauro Barrueco, Paulo Salvador Ribeiro Perrotti e Walter Lener afirmam que:

> **Não pensar, contudo, em ter um planejamento sucessório é no mínimo egoísmo. Se todas as gerações pensassem assim, menos trabalho e muitas vezes disputas judiciais intermináveis seriam evitadas.**
> Uma disputa judicial interminável pode levar o patrimônio a se deteriorar e até desaparecer. Não é difícil ficarmos sabendo de uma empresa familiar que, com a morte do patriarca ou da matriarca, os sucessores entraram em disputas intermináveis tendo como resultado o desaparecimento por completo dos negócios da família[36].

Mesmo quando inexiste o risco de conflitos entre os herdeiros ou incapacidade para gerir as atividades empresariais com eficácia, o fato da morte, em si, gera inúmeros desafios que são amenizados ou até mesmo extintos com um planejamento prévio.

Em que pese a morte ser inerente à vida, ninguém está preparado para ela, razão pela qual o emocional dos membros da família acaba interferindo no processo de inventário, muitas vezes de forma negativa.

Nesse sentido, merece destaque o quanto diz Mário Tavernard Martins de Carvalho:

> A morte sempre é um momento traumático para as famílias. A perda de um ente, muitas vezes querido, pode também implicar a transferência de diversos direitos e responsabilidades patrimoniais aos herdeiros.
> Os herdeiros, no exato segundo do falecimento, passarão a ser titulares de todo o patrimônio deixado. Todavia, a divisão definitiva deste entre os herdeiros pode suscitar conflitos de interesse, que podem decorrer simples-

---

[35] CARVALHO, Mário Tavernard Martins de. Planejamento sucessório no âmbito da empresa familiar. In. COELHO, Fábio Ulhoa; FÉRES, Marcelo Andrade (Coords.). **Empresa familiar:** estudos jurídicos. Saraiva, 2014. p. 447. (Grifo nosso)

[36] BARRUECO, Fernando Mauro; PERROTTI, Paulo Salvador Ribeiro; LERNER, Walter (Coord.). **Empresas familiares:** estratégias para uma gestão competitiva e aspectos jurídicos essenciais para inovação, sucessão, governança, holding, herdeiros. 2 Ed. São Paulo: IOB, 2010. p. 190. (Grifo nosso)

mente do perfil de cada um deles. Então, a fim de evitar que esses litígios sejam levados ao Poder Judiciário, em processos desgastantes e praticamente intermináveis, é prudente planejar, pensar essa sucessão. O planejamento sucessório, em última análise, objetiva realizar a sucessão patrimonial do modo mais eficiente, sob todos os aspectos[37].

Mário Tavernard Martins de Carvalho afirma ainda que:

Portanto, a sucessão representa um momento delicado em qualquer família, vez que envolve assuntos muito sensíveis, sob todos os aspectos, tais como: relações familiares, patrimônio, dinheiro, morte e, em alguns casos, empresa[38].

Cumpre destacar que existem infinitas possibilidades e alternativas lícitas para ajudar na elaboração de um planejamento sucessório que implica, em alguns casos, planejamento tributário, quer seja na forma de antecipação do imposto, quer seja na forma de redução ou até mesmo na eliminação da carga tributária.

No entanto, em face das peculiaridades de cada família, não há como se definir, *a priori*, um modelo pronto de planejamento sucessório, ou seja, não existe uma fórmula pronta, pois um instrumento utilizado por uma família pode não ser útil à outra.

Desse modo, Mário Tavernard Martins de Carvalho afirma que:

Por fim, é importante ressaltar que não há receitas para planejamento sucessório. Em cada caso, é imprescindível pensar, refletir e analisar quais são os instrumentos jurídicos mais indicados. A adequação dos termos desses instrumentos pode conferir ganhos econômico-financeiros e possibilita a perpetuidade dos laços afetivos de uma família[39].

---

[37] CARVALHO, Mário Tavernard Martins de. Planejamento sucessório no âmbito da empresa familiar. In. COELHO, Fábio Ulhoa; FÉRES, Marcelo Andrade (Coords.). **Empresa familiar**: estudos jurídicos. São Paulo: Saraiva, 2014. p. 462-463.

[38] CARVALHO, Mário Tavernard Martins de. Planejamento sucessório no âmbito da empresa familiar. In. COELHO, Fábio Ulhoa; FÉRES, Marcelo Andrade (Coords.). **Empresa familiar**: estudos jurídicos. São Paulo: Saraiva, 2014. p. 446.

[39] CARVALHO, Mário Tavernard Martins de. Planejamento sucessório no âmbito da empresa familiar. In. COELHO, Fábio Ulhoa; FÉRES, Marcelo Andrade (Coords.). **Empresa familiar**: estudos jurídicos. São Paulo: Saraiva, 2014. p. 463.

Assim, ao optar por planejar a herança em vida, o titular do patrimônio deve analisar de forma individualizada o objetivo, a expectativa, o Estado da Federação em que os bens estão localizados, a situação patrimonial e o contexto familiar, como o número de herdeiros, os regimes de bens de casamento e o perfil de cada membro da família, para que este instrumento englobe todas as situações possíveis e alcance o seu real objetivo.

Deve-se levar em consideração, por exemplo, a aptidão e o anseio dos herdeiros, pois cada um pode ter um objetivo diferente; às vezes, um é mais capacitado para administrar a empresa, enquanto o outro é qualificado para ser médico.

Gladston Mamede e Eduarda Cotta Mamede destaca que:

> [...] O costume entre as famílias, contudo, é permitir a distribuição de partes iguais entre os herdeiros, sem preferir uns e preterir outros. No entanto, a existência de personalidades, perfis e vocações diversas pode recomendar que essa distribuição se faça de uma maneira mais refinada, compreendendo as necessidades e as potencialidades de cada herdeiro, bem como da própria empresa ou grupo empresarial, cujas existência e atuação repercutem em trabalhadores, fornecedores, consumidores e na comunidade em geral[40].

O instrumento elaborado também deve ter flexibilidade suficiente para acomodar as diversas alterações que ocorrem no decorrer da vida e que não se pode prever ou antecipar, como um eventual divórcio, o casamento de um herdeiro, o nascimento de um neto, a morte prematura de um filho ou até mesmo a alteração da situação financeira do titular do patrimônio, sob pena de o planejamento não surtir os efeitos desejados.

Ainda, a estrutura criada, visando à economia de tributos, deve observar o critério da legitimidade dos meios e o critério cronológico, vistos no capítulo 1 deste trabalho ao tratar de elisão e evasão fiscal, para que o procedimento não seja descaracterizado e considerado ilícito.

É evidente, portanto, que a elaboração de um adequado e legítimo planejamento sucessório, com implicações fiscais, é a forma mais eficaz

---

[40] Mamede, Gladston; MAMEDE, Eduarda Cotta. **Holding familiar e suas vantagens**: planejamento jurídico e econômico do patrimônio e da sucessão familiar. São Paulo: Atlas, 2017. p. 99.

de se precaver dos procedimentos burocráticos e das despesas do procedimento de inventário, da alta carga tributária e de eventual endividamento para manter as despesas da família durante a tramitação do processo de inventário e partilha de bens, além de proteger o patrimônio adquirido no decorrer da vida, mitigar os riscos de conflito entre os herdeiros e permitir a movimentação mais ágil dos ativos.

4. Sucessão hereditária

Inicialmente, cumpre mencionar que este capítulo não tem intenção de abordar todo o conteúdo aplicado ao direito sucessório, razão pela qual, para melhor compreensão do objeto central do trabalho, que é o estudo do planejamento tributário aplicado aos instrumentos sucessórios, serão analisados, tão somente, os principais conceitos e as regras de sucessão previstas na legislação civil.

No aspecto geral, o termo "suceder" significa substituir, tomar o lugar de outrem. O Dicionário Aurélio assim o define:

Acontecer, sobrevir, dar-se o caso.

2 – Vir a acontecer depois de; seguir-se.
3 – Ocupar o lugar de outro.
[...]
7 – Suceder na herança: ter direito a ela.
[...]
10 – Ocupar o lugar de outro[41].

No direito, o termo "sucessão" tem significado semelhante, qual seja, a transferência de bens, direitos ou encargos de uma pessoa para outrem. Essa transferência pode decorrer de um ato *inter vivos*, como um

---

[41] Dicionário Aurélio. **Significado de suceder**. Disponível em <https://dicionariodoaurelio.com/suceder>. Acesso em 03 mai. 2017.

contrato de compra e venda, ou de um ato *causa mortis*, que será objeto de análise do presente trabalho.

É o Direito das Sucessões, regulado no Livro V do Código Civil, nos artigos 1.784 a 2.027, que disciplina a transmissão de bens, direitos e obrigações em decorrência da morte.

Acerca do Direito das Sucessões, Silvio de Salvo Venosa discorre que:

> A terminologia Direito das Sucessões, portanto, para os juristas, tem alcance certo e não se confunde com as sucessões operadas em vida, pelos titulares dos direitos, normalmente disciplinadas pelo direito das obrigações, embora não seja privilégio único deste compartimento do direito[42].

Já Maria Berenice Dias diz que:

> É neste sentido estrito que se usa o vocábulo sucessão: **a transferência, total ou parcial, de herança, por morte de alguém, a um ou mais herdeiros. É deste fenômeno que se encarrega o direito das sucessões.** São pressupostos da sucessão *mortis causa*: o falecimento de alguém que tenha bens, e a sobrevida de outras pessoas, que chamadas para recolher esse patrimônio, com o nome de herança. Inexistindo patrimônio não se pode falar em herança, e o fato morte não interessa ao direito sucessório[43].

Corroborando as citações acima, Oscar José de Plácido e Silva afirma que:

> Em sentido estrito, porém, e em significação mais técnica, sucessão é a transmissão de bens e direitos a uma, ou mais pessoas vivas, integrantes de um patrimônio deixado por uma pessoa falecida.
> O sentido da sucessão como transmissão de direitos é subjetivo. Bem por isso conduz a ideia de direito de herdar bens de uma pessoa falecida, com o dever de cumprir, dentro das forças desta herança, as obrigações que tenham sido assumidas por ela. Num sentido objetivo, porém, sucessão com-

---

[42] VENOSA, Silvio de Salvo. **Direito civil**: sucessões. 17 Ed. São Paulo: Atlas, 2017. p. 02.
[43] DIAS, Maria Berenice. **Manual das sucessões**. 4 Ed. São Paulo: Revista dos Tribunais, 2016. p. 34. (Grifo nosso)

preende o próprio acervo hereditário, isto é, o conjunto de bens que constituem o patrimônio do *de cujus*[44].

A sucessão se abre com o fim da existência da pessoa natural, ou seja, no instante que segue imediatamente a morte do titular do patrimônio, e ocorre no último domicílio do falecido, independentemente de o óbito ter ocorrido em lugar distinto[45].

Em relação ao critério pessoal da sucessão, tem-se que o sujeito sucedido é aquele que é o titular do direito e deveres que serão transmitidos por ocasião da sua morte, designado pela expressão latina *de cujus*.

Já os sujeitos passivos da sucessão são aquelas pessoas que substituirão o *de cujus* nas relações jurídicas até então por ele exercidas. O sucessor é o herdeiro, caso invista na universalidade da herança ou legatário, caso receba um bem determinado.

A herança é o conjunto de bens, direitos, obrigações e ações deixadas pelo *de cujus*, ou seja, é a universalidade de direitos suscetíveis de apreciação econômica.

Ao conceituar a expressão "herança", Maria Berenice Dias diz que:

> O conjunto de direitos e obrigações que se transmitem, em razão da morte, a uma pessoa ou a um conjunto de pessoas, que sobreviveram ao falecido. É o patrimônio composto de ativo e passivo deixado pelo falecido por ocasião de seu óbito, a ser recebido por seus herdeiros[46].

No mesmo sentido discorre Clayton Eduardo Prado:

> Realmente, *herança*, em sentido comum, é o conjunto de bens ou o patrimônio deixado por uma pessoa que faleceu, compreendendo todos os bens, direitos e ações do sucedido, bem como todas as suas dívidas e encargos a que estava obrigado. Em sentido restrito, representa a parte ou quinhão que venha a ser partilhado ao herdeiro[47].

---

[44] DE PLÁCIDO E SILVA, Oscar José. Vocabulário jurídico. 27 Ed. rev. e atual. por Nagib Slaibi Filho e Gláucia Carvalho. Rio de Janeiro: Forense, 2006. p. 1139. **Conforme**: PRADO, Clayton Eduardo. **Imposto sobre herança**. 1ª ed. São Paulo: Verbatim, 2009. p. 55.
[45] Código Civil, art. 1.785: "A sucessão abre-se no lugar do último domicílio do falecido".
[46] DIAS, Maria Berenice. **Manual das sucessões**. 4 Ed. São Paulo: Revista dos Tribunais, 2016. p. 35.
[47] PRADO, Clayton Eduardo. **Imposto sobre herança**. 1 Ed. São Paulo: Verbatim, 2009. p. 34.

Cumpre destacar que o Código Civil Brasileiro[48] proíbe a disposição de herança de pessoa viva, ou seja, a herança só pode ser objeto de sucessão *causa mortis*, conforme afirma Walter Moraes:

> O nosso direito repele a sucessão contratual. O preceito do art. 1.089 do CC é interpretado como rigorosa e geral proibição do pacto, quer sobre a própria herança, quer sobre a de terceiro; seja para suceder, seja para renunciar. Diz o dispositivo: "Não pode ser objeto de contrato a herança de pessoa viva"[49].

A herança constitui uma universalidade de direitos e, até que ocorra a partilha, é indivisível e regulada pelas normas relativas ao condomínio[50]. Esse acervo hereditário é denominado de espólio, que é o conjunto de bens, direitos e obrigações do *de cujus*.

Maria Berenice Dias conceitua o espólio da seguinte forma:

> O acervo hereditário, no âmbito judicial, recebe o nome de espólio. Não tem personalidade jurídica, mas tem capacidade jurídica para demandar e ser demandado (art. 75, VII). Trata-se de universalidade de bens de existência transitória. Não dispõe de patrimônio próprio e tem proprietários conhecidos. São bens provisoriamente reunidos que pertencem aos herdeiros em condomínio[51].

O inventário é o processo pelo qual se realiza o "balanço" da herança, contendo a descrição de todos os bens deixados pelo *de cujus*, incluindo os ativos, passivos, herdeiros, credores e demais direitos e obrigações. O inventariante é o administrador do inventário[52].

---

[48] Código Civil, art. 1.089: "Não pode ser objeto de contrato a herança de pessoa viva".
[49] MORAES, Walter. **Teoria geral e sucessão legítima**. São Paulo: Revista dos Tribunais, 1980. p. 7.
[50] Código Civil, art. 1.791: "A herança defere-se como um todo unitário, ainda que vários sejam os herdeiros.
Parágrafo único: Até a partilha, o direito dos co-herdeiros, quanto à propriedade e posse da herança, será indivisível, e regular-se-á pelas normas relativas ao condomínio".
[51] DIAS, Maria Berenice. **Manual das sucessões**. 4 Ed. São Paulo: Revista dos Tribunais, 2016. p. 35.
[52] Código Civil, art. 1.991: "Desde a assinatura do compromisso até a homologação da partilha, a administração da herança será exercida pelo inventariante".

Silvio de Salvo Venosa conceitua inventário e inventariante da seguinte forma:

> Portanto, o **inventário**, aqui estudado, consiste na descrição pormenorizada dos bens da herança, tendente a possibilitar o recolhimento de tributos, o pagamento de credores e, por fim, a partilha.
> [...]
> O **inventariante** desempenha a atividade de auxiliar do juízo no inventário. Trata-se, sem dúvida, de um encargo público, de um múnus (Monteiro, 1977, v. 6:38). A ele cabe a guarda, administração e defesa dos bens da herança. Os herdeiros, em geral, também, como veremos, podem defender os bens da herança, mas a função administrativa do inventariante é a primeira que se ressalta[53].

Maria Helena Diniz, ao tratar de inventário, assevera que:

> Ocorre a abertura da sucessão com o falecimento do *de cujus*, estabelecendo-se entre os seus herdeiros, relativamente aos bens do acervo hereditário, um estado de comunhão, que cessará com a partilha, com a divisão de bens que compõem a herança. [...] Somente com o inventário será possível a efetiva aquisição da herança pelos sucessores, na proporção das suas quotas hereditárias[54].

A abertura da sucessão não se confunde com a abertura do inventário. A abertura da sucessão e a transmissão da herança aos herdeiros ocorrem imediatamente após a morte, para que os bens, direitos e obrigações do *de cujus* não se extingam ou fiquem sem dono[55], conforme diz Walter Moraes:

> A ideia de transmissão imediata atende a uma necessidade de não deixar vaga, sem dono ou sem responsável, durante certo tempo, o patrimônio

---

[53] VENOSA, Silvio de Salvo. **Direito civil**: sucessões. 17 Ed. São Paulo: Atlas, 2017. p. 44. (Grifo nosso).
[54] DINIZ, Maria Helena. Curso de direito civil brasileiro: direito das sucessões. 22 Ed. São Paulo: Saraiva, 2003. p 315. **Conforme:** PRADO, Clayton Eduardo. **Imposto sobre herança**. 1 Ed. São Paulo, Verbatim, 2009. p. 70.
[55] Código Civil, art. 1.784: "Aberta a sucessão, a herança transmite-se, desde logo, aos herdeiros legítimos e testamentários".

da pessoa extinta. Se a herança fosse uma pessoa jurídica como no Direito romano (*hereditas personae vice fungitur*), teria autonomia e vida própria e o problema não existiria. Mas no nosso sistema a herança não é mais do que um patrimônio e não pode ficar à mercê de invasões. Por isso, desde que surge, a herança tem de pertencer a alguém[56].

Já a abertura do inventário se dá quando do ingresso em juízo da ação correspondente ou da sua elaboração pela via extrajudicial, por meio de escritura pública.

Existe também uma modalidade simplificada do processo de inventário denominado de "arrolamento", que conforme afirma Maria Berenice Dias é um instituto autônomo; veja-se:

> O arrolamento é um instituto autônomo, e não um rito procedimental do processo de inventário. **Trata-se de procedimento de jurisdição voluntária que reduz atos e simplifica prazos. Visando rapidez e economia processual, é a forma simplificada de inventário-partilha.** Não dispensa intervenção judicial, em face dos interesses de terceiros na liquidação da herança, mas agiliza o procedimento, com sua abreviação, em casos especiais[57].

Os herdeiros ou legatários podem renunciar à herança, desde que de forma expressa, após a morte do titular do patrimônio, por meio de escritura pública ou termo nos autos[58], e seus efeitos retroagirão à data da abertura da sucessão.

Maria Berenice Dias, ao discorrer sobre a renúncia da herança, ensina que:

> Em respeito ao princípio da autonomia da vontade, o herdeiro não é obrigado a permanecer com a herança. Pode renunciar a ela. A renúncia tem a eficácia *ex tunc*, opera efeito retroativo à data da abertura da sucessão (CC 1.804 parágrafo único): *a transmissão tem-se por não verificada quando o herdeiro renuncia à herança*. O herdeiro fica fora da sucessão. É como se dela

---

[56] MORAES, Walter. **Teoria geral e sucessão legítima**. São Paulo: Revista dos Tribunais, 1980. p. 41-42.

[57] DIAS, Maria Berenice. **Manual das sucessões**. 4 Ed. São Paulo: Revista dos Tribunais, 2016. p. 579. (Grifo nosso)

[58] Código Civil, art. 1.806: "A renúncia da herança deve constar expressamente de instrumento público ou termo judicial".

nunca tivesse participado (CC 1.816). Por isso não pode existir renúncia parcial. A renúncia da herança apaga a ligação do renunciante com a herança. Ele, para os efeitos sucessórios, "não foi"[59].

A sucessão pode ser classificada como *legítima*, que é a derivada de lei, ou *testamentária*, que é regulada pela vontade do falecido[60].

Na sucessão legítima ou sucessão legal, a herança é transmitida aos herdeiros em observância à ordem de vocação hereditária prevista no Código Civil[61], ou seja, a lei que nomeia os sucessores, os quais, por isso, são denominados de sucessores legítimos, que podem ser necessários ou facultativos.

Os herdeiros necessários são os parentes em linha reta, descendentes e ascendentes, e o cônjuge[62]. No entanto, o cônjuge não será considerado herdeiro necessário nos casos em que o regime de casamento adotado for o de comunhão universal de bens ou o de separação obrigatória de bens. Será, porém, investido na condição de herdeiro facultativo logo após os ascendentes (artigo 1.829, incisos I e III do Código Civil).

Já os herdeiros facultativos são os parentes colaterais, que só herdam na falta de herdeiros necessários ou de testamento que esgote todos os bens.

Na sucessão testamentária, a herança é transmitida por disposição de última vontade do falecido[63], expressa por meio de um instrumento formal denominado de ato de última vontade.

---

[59] DIAS, Maria Berenice. **Manual das sucessões**. 4 Ed. São Paulo: Revista dos Tribunais, 2016. p. 204.
[60] Código Civil, art. 1.786: "A sucessão dá-se por lei ou por disposição de última vontade".
[61] Código Civil, art. 1.829: "A sucessão legítima defere-se na ordem seguinte:
I – aos descendentes, em concorrência com o cônjuge sobrevivente, salvo se casado este com o falecido no regime da comunhão universal, ou no da separação obrigatória de bens (art. 1.640, parágrafo único); ou se, no regime da comunhão parcial, o autor da herança não houver deixado bens particulares;
II – aos ascendentes, em concorrência com o cônjuge;
III – ao cônjuge sobrevivente;
IV – aos colaterais.
[62] Código Civil, art. 1.845: "São herdeiros necessários os descendentes, os ascendentes e o cônjuge".
[63] Código Civil, art. 1.857: "Toda pessoa capaz pode dispor, por testamento, da totalidade dos seus bens, ou de parte deles, para depois de sua morte".

É importante mencionar que a liberdade de testar não é ilimitada. A existência de herdeiros necessários restringe a liberdade de testar, uma vez que o testador só pode dispor de metade do seu patrimônio, ou seja, os herdeiros necessários têm o direito garantido pela legislação civil de metade do patrimônio deixado pelo *de cujus*[64].

Essa limitação legal, de acordo com Maria Berenice Dias, visa proteger os interesses dos familiares mais próximos do *de cujus*. Veja-se:

> Decorre da necessidade de proteger os interesses da família, que abrange os parentes mais próximos e o cônjuge sobrevivente. **Pode-se dizer que a herança necessária é um compromisso ou uma solução conciliatória entre a plena liberdade de testar e a proteção dos direitos dos parentes mais próximos e do cônjuge sobrevivente**[65].

Legado é um determinado bem, ou vários bens determinados, móveis ou imóveis, deixados pelo *de cujus* a um beneficiário específico, denominado legatário, por meio de um testamento. Esta sucessão ocorre a título singular e não tem qualquer relação de proporcionalidade com o universo da herança.

Nesse sentido, Silvio de Salvo Venosa afirma que:

> Legado é um bem determinado, ou vários bens determinados, especificados no monte hereditário. O legatário sucede a título singular, em semelhança ao que ocorre na sucessão singular entre vivos. Só existe legado, e consequentemente a figura do legatário, no testamento. Não tendo o morto deixado um testamento válido e eficaz, não há legado.
>
> [...]
>
> **O legado consiste em uma coisa definida e muito se assemelha a uma doação, constando apenas de um testamento e não de um contrato** (Pereira, 1984, v. 6:186)[66].

---

[64] Código Civil, art. 1.846: "Pertence aos herdeiros necessários, de pleno direito, a metade dos bens da herança, constituindo a legítima".
[65] DIAS, Maria Berenice. **Manual das sucessões**. 4 Ed. São Paulo: Revista dos Tribunais, 2016. p. 278. (Grifo nosso)
[66] VENOSA, Silvio de Salvo. **Direito civil**: sucessões. 17 Ed. São Paulo: Atlas, 2017. p. 10-11. (Grifo nosso)

No mesmo sentido ensina Walter Moraes:

Legado é um ou alguns bens determinados que o sucedido destacou do seu patrimônio para com ele favorecer alguém. Herança e legado são coisas distintas[67].

Desse modo, vistos alguns dos principais conceitos aplicados ao Direito Sucessório, cabe adentrar nos aspectos tributários da sucessão hereditária.

---

[67] MORAES, Walter. **Teoria geral e sucessão legítima**. São Paulo: Revista dos Tribunais, 1980. p. 2.

5. Aspectos tributários da sucessão hereditária

Quando se pensa na tributação incidente na transmissão da herança ou no planejamento tributário aplicado à sucessão patrimonial, pensa-se logo no imposto sobre transmissão *causa mortis* e doação – ITCMD, mas existem outros aspectos.

Conforme restará demonstrado, a conduta adotada pelo contribuinte ao planejar a herança em vida ou dos herdeiros no momento da partilha dos bens poderá gerar a cobrança de diferentes impostos. Dentre os tributos que compõem o sistema tributário nacional, também merecem especial atenção, o imposto de renda – IR e o imposto sobre a transmissão onerosa de bens imóveis – ITBI.

Todavia, dada a sua importância na sucessão, apenas o ITCMD será abordado neste capítulo. Já os aspectos do IR e do ITBI serão tratados na medida em que se analisar o procedimento de inventário e partilha de bens e alguns instrumentos de planejamento sucessório.

5.1 Imposto sobre Transmissão *Causa Mortis* e Doação – ITCMD

O ITCMD, conhecido por outras siglas a depender do Estado da Federação, como ITD no Rio de Janeiro e ITCD em Goiás, tem previsão legal no artigo 155, inciso I, da Constituição Federal[68] e artigo 35 e seguintes do Código Tributário Nacional[69].

---

[68] Constituição Federal, art. 155 CF: "Compete aos Estados e ao Distrito Federal instituir impostos sobre:
I – transmissão *causa mortis* e doação, de quaisquer bens ou direitos".
[69] Código Tributário Nacional, art. 35 CTN: "O imposto, de competência dos Estados, sobre a transmissão de bens imóveis e de direitos a eles relativos tem como fato gerador:

O fato gerador do ITCMD, no âmbito do direito sucessório, é a transmissão causa mortis de quaisquer bens ou direitos. É um imposto de competência estadual, ou seja, cabe a cada um dos 26 Estados brasileiros e ao Distrito Federal regular por meio de lei específica.

É importante mencionar que não integra o objetivo do presente trabalho o estudo das 27 leis estaduais existentes e vigentes, razão pela qual a análise será limitada às regras matrizes dispostas na Constituição Federal, aos parâmetros estabelecidos no Código Tributário Nacional e à legislação do Estado de São Paulo – Lei Estadual nº 10.705, de 28 de dezembro de 2000 e alterações posteriores.

De forma didática e sucinta, serão analisados, isoladamente, os critérios material, temporal, espacial, pessoal e quantitativo do ITCMD na transmissão *causa mortis*.

O aspecto material do ITCMD é a transmissão, em razão de morte, de quaisquer bens (imóveis ou móveis) ou direitos, conforme dispõem as legislações analisadas (artigo 155, inciso I, da Constituição Federal; artigo 35 do Código Tributário Nacional; e artigo 2º da Lei nº 10.705, de 28 de dezembro de 2000, do Estado de São Paulo).

Todavia, há quem defenda que o aspecto material desse imposto é o ato de receber a herança e não a transmissão em si. Nesse sentido, Clayton Eduardo Prado diz que:

> Aplicando-se o conceito ao imposto em foco, conclui-se que o seu critério material deve ser a *transmissão de quaisquer bens ou direitos por sucessão 'causa mortis'*. Todavia, quando se fala em transmissão, pressupõe-se a existência de, ao menos, duas pessoas: o transmissor e o receptor do que é transmitido. Na transmissão *causa mortis*, o transmissor é a pessoa falecida, que transmite seu patrimônio aos sucessores, que são os herdeiros ou legatários, que têm direito, por força da lei civil ou por testamento, a receber herança ou legado. Ensinam os civilistas que, pelo fenômeno da sucessão *causa mortis*, os herdeiros assumem a posição do falecido, recebendo a universalidade do seu patrimônio.

I – a transmissão, a qualquer título, da propriedade ou do domínio útil de bens imóveis, por natureza ou por acessão física, como definidos na lei civil;
II – a transmissão, a qualquer título, de direitos reais sobre imóveis, exceto os direitos reais de garantia;
III – a cessão de direitos relativos às transmissões referidas no inciso I e II".

Considerando que o tributo deve incidir sobre o patrimônio sucedido e que será suportado por quem o recebeu, conclui-se, em termos mais rigorosos, que o aspecto material do ITCM não é o ato de transmitir, mas sim o de *receber herança ou legado*[70].

O critério temporal para a incidência do ITCMD ocorre quando da abertura da sucessão, ou seja, com o evento morte.

Sobre o critério temporal, Clayton Eduardo Prado afirma que: "A abertura da sucessão decorre justamente do evento do falecimento, sendo fácil concluir ser esse o marco temporal da hipótese tributária do imposto *causa mortis*[71]".

Em relação ao aspecto espacial, as legislações dispõem que o ITCMD pertence ao Estado ou ao Distrito Federal onde o bem imóvel estiver localizado[72] e, em relação aos bens móveis, títulos e créditos, o imposto é devido ao Estado onde se processar o inventário[73].

---

[70] PRADO, Clayton Eduardo. **Imposto sobre herança.** 1 Ed. São Paulo: Verbatim, 2009. p. 55-56. (Grifo nosso)
[71] PRADO, Clayton Eduardo. **Imposto sobre herança.** 1 Ed. São Paulo: Verbatim, 2009. p. 63.
[72] Constituição Federal, art. 155: "[...]
§ 1º O imposto previsto no inciso I:
I – relativamente a bens imóveis e respectivos direitos, compete ao Estado da situação do bem ou ao Distrito Federal";
Código Tributário Nacional, art. 41: "O imposto compete ao Estado da situação do imóvel transmitido, ou sobre que versarem os direitos cedidos, mesmo que a mutação patrimonial decorra de sucessão aberta no estrangeiro".
Lei nº 10.705/2000, art. 3º: "[...]
§ 1º – A transmissão de propriedade ou domínio útil de bem imóvel e de direito a ele relativo, situado no Estado, sujeita-se ao imposto, ainda que o respectivo inventário ou arrolamento seja processado em outro Estado, no Distrito Federal ou no exterior; e, no caso de doação, ainda que doador, donatário ou ambos não tenham domicílio ou residência neste Estado".
[73] Constituição Federal, art. 155: "[...]
§ 1º [...]
II – relativamente a bens móveis, títulos e créditos, compete ao Estado onde se processar o inventário ou arrolamento, ou tiver domicilio o doador, ou ao Distrito Federal".
Lei nº 10.705/2000, art. 3º: "[...]
§ 2º – O bem móvel, o título e o direito em geral, inclusive os que se encontrem em outro Estado ou no Distrito Federal, também ficam sujeitos ao imposto de que trata esta lei, no caso de o inventário ou arrolamento processar-se neste Estado ou nele tiver domicílio o doador".

A Constituição Federal prevê que, nas hipóteses em que o *de cujus* possuía bens, era residente ou domiciliado ou teve o seu inventário processado no exterior, caberá à lei complementar, que até o momento não foi editada, regular a competência para a instituição do ITCMD[74].

Entretanto, tramita na Câmara dos Deputados o Projeto de Lei Complementar nº 363, de 2013, que pretende regular a competência para a instituição e cobrança do ITCMD, com fundamento no inciso III do § 1º do artigo 155 da Constituição Federal, ou seja, pretende definir as competências da tributação de bens existentes no exterior ou quando o *de cujus* for residente no exterior.

Em paralelo ao Projeto de Lei Complementar citado acima, o Estado de São Paulo regulou, indevidamente, sobre a matéria reservada à lei complementar, ao dispor que o imposto será devido nos casos em que o *de cujus* possuía bens, era residente ou teve o inventário processado no exterior[75].

Nesse sentido, merecem destaque os trechos de alguns julgados recentes do Tribunal de Justiça do Estado de São Paulo:

MANDADO DE SEGURANÇA – Recolhimento de ITCMD sobre herança recebida no exterior – Não cabimento – Art. 4º, II, b, da Lei Estadual nº 10.705/00 declarado inconstitucional pelo Órgão Especial desta Corte –

---

[74] Constituição Federal, art. 155: "[...]
I – [...]
II – [...]
III – terá competência para sua instituição regulada por lei complementar:
a) Se o doador tiver domicílio ou residência no exterior;
b) Se o *de cujus* possuía bens, era residente ou domiciliado ou teve o seu inventário processado no exterior".

[75] Lei nº 10.705/2000, art. 4º: "O imposto é devido nas hipóteses abaixo especificadas, sempre que o doador residir ou tiver domicílio no exterior, e, no caso de morte, se o *"de cujus"* possuía bens, era residente ou teve seu inventário processado fora do país:
I – sendo corpóreo o bem transmitido:
a) quando se encontrar no território do Estado;
b) quando se encontrar no exterior e o herdeiro, legatário ou donatário tiver domicílio neste Estado;
II – sendo incorpóreo o bem transmitido:
a) quando o ato de sua transferência ou liquidação ocorrer neste Estado;
b) quando o ato referido na alínea anterior ocorrer no exterior e o herdeiro, legatário ou donatário tiver domicílio neste Estado".

Sentença reformada – Recurso de apelação provido. (Tribunal de Justiça de São Paulo. Apelação nº 1034056-24.2016.8.26.0053. Bem Zion Berlovich e Delegado Regional Tributário do Estado de São Paulo. Relator: Luís Francisco Aguilar Cortes. São Paulo, 09 mai. 2017).

MANDADO DE SEGURANÇA – ITCMD incidente sobre herança advinda do exterior com base na Lei Estadual nº 10.500/00 – Impossibilidade ante a declaração de Inconstitucionalidade pelo Órgão Especial do Tribunal de Justiça de São Paulo – Inteligência do art. 155, par. 1º, III, "b", da Constituição Federal, que impõe ao Estado, para implementação da tributação em questão, a vigência de lei complementar federal, ainda não vigente – Concessão da segurança mantida – Recurso desprovido. (Tribunal de Justiça de São Paulo. Apelação nº 0048340-30.2011.8.26.0053. Secretário da Fazenda do Estado de São Paulo e Antonio Joaquim Alvez Netto. Relator: Moreira de Carvalho. São Paulo, 15 abr.2015; Destaque nosso).

Ainda sobre o assunto, cumpre frisar que o Órgão Especial do Tribunal de Justiça do Estado de São Paulo declarou a inconstitucionalidade do artigo 4º, inciso II, alínea 'b', da Lei Estadual nº 10.705/2000, cuja discussão foi parar no Supremo Tribunal Federal – STF (Recurso Extraordinário nº 851.108), que reconheceu a existência de repercussão geral da questão constitucional suscitada. O recurso está aguardando apreciação pelo STF.

Em relação ao aspecto pessoal, que analisa a sujeição passiva e ativa do ITCMD, destaca-se que a Constituição Federal não trouxe explicitamente quem seria o sujeito passivo do imposto.

No entanto, o Código Tributário Nacional e a legislação do Estado de São Paulo dispuseram que o sujeito passivo, ou seja, a pessoa que tem obrigação de cumprir a prestação pecuniária, é o herdeiro e/ou legatário que aceitar a herança[76].

---

[76] Código Tributário Nacional, art. 35: "[...]
Parágrafo Único. Parágrafo único. Nas transmissões *causa mortis*, ocorrem tantos fatos geradores distintos quantos sejam os herdeiros ou legatários".
Lei nº 10.705/2000, art. 7º: "São contribuintes do imposto:
I – na transmissão "causa mortis": o herdeiro ou o legatário.
[...]
III – na doação: o donatário; [...]".

Em relação ao sujeito passivo do ITCMD e o ato de aceitação da herança pelos herdeiros e/ou legatários, Clayton Eduardo Prado afirma que:

> [...] o legislador não é livre para estatuir o sujeito passivo da obrigação tributária, devendo selecionar pessoa cuja capacidade contributiva é manifestada pelo fato jurídico tributário.
> No caso da sucessão *causa mortis*, é inquestionável que os herdeiros, legatários e fiduciários possuem essa qualidade, pois experimentam um acréscimo patrimonial, a título gratuito, ostentando um signo de riqueza passível de tributação, de tal forma que a norma estadual obedeceu ao parâmetro constitucional. Aliás, convém notar que as transmissões gratuitas representam a situação mais inequívoca de capacidade contributiva, visto que o tributo corresponde a um percentual do patrimônio herdado ou doado.
> **A sujeição passiva do imposto em análise guarda, porém, uma peculiaridade, consistente na necessidade da aceitação da herança.**
> [...]
> Como se percebe, o ato de aceitação de herança ocorre, naturalmente, após a abertura da sucessão, momento acima apontado como o marco temporal do imposto em foco. **Por tal razão, embora presumível, não há como afirmar categoricamente, no instante em que é aberta a sucessão, quais são os sujeitos passivos da relação tributária, pois, ainda que de forma tácita, os herdeiros deverão aceitar a herança**[77].

Já o credor da obrigação tributária, conhecido como o sujeito ativo do ITCMD, são os Estados e o Distrito Federal.

Por fim, cabe analisar o aspecto quantitativo, que abrange tanto a base de cálculo quanto a alíquota do ITCMD.

Em relação à base de cálculo, a Constituição Federal nada determinou. Contudo, o Código Tributário Nacional[78] e a legislação do Estado de São Paulo[79] estabeleceram que a base de cálculo do imposto é o valor venal dos bens ou direitos transmitidos na data de abertura da sucessão.

---

[77] PRADO, Clayton Eduardo. **Imposto sobre herança**. 1 Ed. São Paulo: Verbatim, 2009. p. 65-66. (Grifo nosso).

[78] Código Tributário Nacional, artigo 38: "A base de cálculo do imposto é o valor venal dos bens ou direitos transmitidos".

[79] Lei nº 10.705/2000, art. 9º: "A base de cálculo do imposto é o valor venal do bem ou direito transmitido, expresso em moeda nacional ou em UFESPs (Unidades Fiscais do Estado

Apesar do disposto acima, a base de cálculo do ITCMD deve observar o efetivo acréscimo patrimonial auferido pelos herdeiros ou legatários, ou seja, deve considerar também o valor do passivo do inventário ou do espólio para que seja possível identificar, efetivamente, o valor do patrimônio líquido transmitido.

Nesse sentido, Clayton Eduardo Prado afirma que:

> No tocante ao ITCM, **a base de cálculo deve corresponder ao acréscimo patrimonial efetivamente percebido, por ser a única forma de dimensionar o valor tributável com exatidão e segundo os ditames constitucionais,** não para se diferenciar da base do ITR/IPTU.
> Portanto, reafirmando considerações anteriores, a base de cálculo do ITCM deve corresponder ao valor do quinhão líquido ou legado recebido pelos herdeiros ou legatários, levando-nos a afirmar que a legislação paulista não se coaduna com o perfil constitucional do tributo, pois fixa como base o valor venal dos bens ou direitos, vedando expressamente o abatimento das dívidas relativas aos bens transmitidos ou as do espólio, em ofensa ao princípio da capacidade contributiva[80].

Todavia, a legislação do Estado de São Paulo vedou expressamente o desconto das dívidas da base de cálculo do ITCMD, ao dispor em seu artigo 12, que: "No cálculo do imposto, não serão abatidas quaisquer dívidas que onerem o bem transmitido, nem as do espólio".

A respeito do assunto, Sebastião Luiz Amorim e Euclides Benedito de Oliveira afirmam que:

> A aplicação literal desse dispositivo levaria ao absurdo de apurar imposto sobre o valor total de imóvel compromissado à venda pelo *de cujus*, com pagamento apenas de parte do preço, quando, na realidade, o que se está transmitindo aos herdeiros é o imóvel com a dívida pendente, que será satisfeita pelos próprios herdeiros após a abertura da sucessão[81].

---

de São Paulo).
§ 1º – Para os fins de que trata esta lei, considera-se valor venal o valor de mercado do bem ou direito na data da abertura da sucessão ou da realização do ato ou contrato de doação".
[80] PRADO, Clayton Eduardo. **Imposto sobre herança.** 1 Ed. São Paulo: Verbatim, 2009. p. 75-76. (Grifo nosso)
[81] AMORIM, Sebastião Luiz; OLIVEIRA, Euclides Benedito de. Inventário e partilhas: direito das sucessões: teoria e prática. 20 Ed. São Paulo: LEUD, 2006. **Conforme** PRADO, Clayton Eduardo. **Imposto sobre herança.** 1 Ed. São Paulo: Verbatim, 2009. p. 72.

Convergindo do entendimento de Sebastião Luiz Amorim e Euclides Benedito de Oliveira, Cristiane Aparecida Moreira Krukoski afirma que:

[...] a base de cálculo do imposto será apurada nos autos do inventário, no qual será calculado o valor dos bens que integram a herança, com base na data da abertura da sucessão, deduzindo-se as dívidas passivas, os encargos e demais despesas consideradas como sendo do espólio.

Tal procedimento se faz necessário porque o legislador constitucional elegeu a transmissão de bens e direitos como núcleo da hipótese de incidência do imposto.

Nessa linha, sua base de cálculo ficará adstrita aos valores dos bens e direitos efetivamente transmitidos aos herdeiros ou legatários. Eleger base diversa infirmaria o critério material eleito pelo legislador constituinte.

[...]

No entanto, o legislador paulista extrapolou sua competência ao vedar o abatimento das dívidas que onerem o bem transmitido ou as do espólio (art. 12), contrariando a legislação civil em vigor, que não admite a herança e dívidas; e o critério material da hipótese de incidência, previsto na própria Constituição Federal. Verifica-se, ainda, a afronta ao próprio direito constitucional à herança, garantido pelo art. 5º, XXX da CF e a violação dos princípios da capacidade contributiva e do não--confisco[82].

Na mesma linha, Valéria Cristina Pereira Furlan afirma que:

Assim, entendemos que a base de cálculo constitucionalmente possível do ITBCMD deve constituir no acréscimo patrimonial decorrente da transmissão (aquisição onerosa) do direito de propriedade.

Essa distinção é relevante porque o acréscimo patrimonial nem sempre coincide com o valor do imóvel, já que na maior parte das vezes o beneficiário herda também ou tão-somente as dívidas do *de cujus*.

Demais disso, haveria violação ao princípio constitucional da capacidade contributiva se o imposto fosse calculado sobre todo o mon-

---

[82] KRUKOSKI, Cristiane Aparecida Moreira. A regra-matriz de incidência do imposto sobre a transmissão causa mortis de quaisquer bens ou direitos. 2002. 176 p. Dissertação (Mestrado) – Pontifícia Universidade Católica de São Paulo (PUC/SP), São Paulo, 2002. **Conforme** PRADO, Clayton Eduardo. **Imposto sobre herança.** 1 Ed. São Paulo: Verbatim, 2009. p. 73. (Grifo nosso).

tante recebido, isto é, também sobre as dívidas que onerassem o patrimônio[83].

Portanto, em que pese a Lei Estadual prever o contrário, a base de cálculo do ITCMD deve corresponder ao efetivo acréscimo patrimonial auferido pelos herdeiros. Diferentemente disso, haveria ofensa aos Princípios Constitucionais, como o Princípio da Capacidade Contributiva, da Vedação do Confisco, da Razoabilidade e da Proporcionalidade, além de conflitar com o Princípio do Benefício de Inventário, previsto no Código Civil:

> Artigo 1.792. O herdeiro não responde por encargos superiores às forças da herança; incumbe-lhe, porém, a prova do excesso, salvo se houver inventário que a escuse, demonstrando o valor dos bens herdados.
> Artigo 1.997. A herança responde pelo pagamento das dívidas do falecido; mas, feita a partilha, só respondem os herdeiros, cada qual em proporção da parte que na herança lhe coube.

Em relação à alíquota do ITCMD, a Constituição Federal estabeleceu que a alíquota máxima será fixada pelo Senado Federal[84]. Nesse sentido, o Código Tributário Nacional dispôs que:

> Art. 39. A alíquota do imposto não excederá os limites fixados em resolução do Senado Federal, que distinguirá, para efeito de aplicação de alíquota mais baixa, as transmissões que atendam à política nacional de habitação.

Desse modo, em cumprimento ao comando constitucional, o Senado Federal promulgou a resolução nº 9, de 05 de maio de 1992, que fixou a alíquota máxima de 8% para o ITCMD, bem como determinou que a alíquota poderá ser progressiva em função do quinhão que cada herdeiro efetivamente receber:

---

[83] FURLAN, Valéria Cristina Pereira. Aspectos do imposto sobre a transmissão de bens 'causa mortis' e doação (ITBCMD). Repertório IOB de Jurisprudência: Tributário. Constitucional e Administrativo, São Paulo nº 18, p. 526. quinz, set. 2001. **Conforme** PRADO, Clayton Eduardo. **Imposto sobre herança.** 1 Ed. São Paulo: Verbatim, 2009. p. 73. (Grifo nosso).
[84] Constituição Federal, art. 155: "[...]
§ 1º [...]
IV – terá suas alíquotas máximas fixadas pelo Senado Federal".

Resolução nº 9, de 1992:
Art. 1º A alíquota máxima do imposto de que trata a alínea a, inciso I, do art. 155 da Constituição Federal será de oito por cento, a partir de 1º de janeiro de 1992.
Art. 2º As alíquotas dos impostos, fixadas em lei estadual, poderão ser progressivas em função do quinhão que cada herdeiro efetivamente receber, nos termos da Constituição Federal.

A pretensão do Senado Federal em instituir e legitimar a progressividade da alíquota do ITCMD pode ser justificada pelo Princípio da Capacidade Contributiva, conforme afirma Regina Celi Pedrotti Vespero Fernandes:

> Quanto a progressividade dos impostos sobre transmissão o seu estabelecimento seria justificado para fazer prevalecer o princípio da capacidade contributiva e da igualdade, que exige que cada contribuinte seja tributado de acordo com suas manifestações objetivas de riqueza, principalmente para os denominados impostos pessoais[85].

Esse entendimento encontra guarida na decisão do Recurso Extraordinário nº 562.045/RS, de Relatoria do Ministro Ricardo Lewandowski, na qual foi reconhecida a Repercussão Geral, que considerou constitucional a progressividade do ITCMD.

Desse modo, pode-se entender que a progressividade do ITCMD é análoga ao entendimento da gratuidade da justiça, uma vez que, a concessão é condicionada ao valor do acervo sucessório e não à condição econômica de cada herdeiro, ou seja, não importa o patrimônio global de cada contribuinte, mas o montante efetivo que cada herdeiro está recebendo.

Outro ponto importante e que merece destaque é o entendimento, já sumulado, do Supremo Tribunal Federal, no sentido de que deve prevalecer a alíquota do ITCMD vigente no momento da abertura da sucessão, independentemente de quando ocorrer o pagamento do imposto.

---

[85] FERNANDES, Regina Celi Pedrotti Vespero; CALMON Eliana (Prof.). **Impostos sobre transmissão *causa mortis* e doação**: ITCMD. 3 Ed. rev. e atual. São Paulo: Revista dos Tribunais, 2013. p. 69-70.

Súmula 112 do Supremo Tribunal Federal: "O imposto de transmissão *causa mortis* é devido pela alíquota vigente ao tempo da abertura da sucessão".

Vistos os principais conceitos jurídicos relacionados ao imposto de transmissão *causa mortis*, cabe passar para a análise sucinta desse imposto nos 26 Estados Brasileiros e Distrito Federal.

5.1.1 Aspectos do ITCMD nos Estados Brasileiros e Distrito Federal – Direito Comparado

O ITCMD foi, por anos, considerado imposto de pouca expressividade, para não dizer que foi esquecido pelos Estados brasileiros e Distrito Federal, pelo fato de produzir receitas relativamente baixas.

No Estado de São Paulo, por exemplo, o ITCMD apresentou apenas cerca de 1,6% do total das receitas tributárias no ano de 2016, ao passo que o ICMS e o IPVA representaram, respectivamente, 84,6% e 10,2% do total dessas receitas[86].

A respeito disso, Clayton Eduardo Prado diz que:

> No Brasil, o potencial dos impostos sobre o patrimônio, particularmente a tributação sobre a herança, é muito pouco explorado, constituído baixíssimo percentual do total da arrecadação tributária. Na medida em que isso ocorre, os impostos sobre a produção e o consumo se tornam mais elevados, dificultando o desenvolvimento econômico do país[87].

O professor Daniel Monteiro Peixoto justifica a receita relativamente baixa do ITCMD com o seguinte argumento:

> Um dos motivos da pouca expressão do tributo para a receita dos Estados é o fato de que apenas uma pequena parcela das mortes ou doações geram declarações tributáveis, visto que a maior parte da população não possui patrimônio que alcance patamares significativos[88].

---

[86] FONTE: Disponível em: <https://portal.fazenda.sp.gov.br/acessoinformacao/Paginas/Relat%C3%B3rios-da-Receita-Tribut%C3%A1ria.aspx> Acesso em 03 jun. 2017.
[87] PRADO, Clayton Eduardo. **Imposto sobre herança**. 1 Ed. São Paulo: Verbatim, 2009. p. 125.
[88] PEIXOTO, Daniel Monteiro. Sucessão familiar e planejamento tributário I. In. SANTI, Eurico Marcos Diniz de. (Coord.). **Estratégias societárias, planejamento tributário e sucessório**. São Paulo: Saraiva, 2010. p. 172.

Um estudo realizado pela empresa de consultoria Ernest & Young, em 18 países, verificou que a alíquota máxima do imposto de transmissão *causa mortis* e doação fixada pelo Senado Federal é uma das menores em relação ao mundo inteiro[89].

Conforme se verifica na tabela a seguir[90], enquanto a alíquota máxima do ITCMD cobrada pelos Estados brasileiros é de 8% sobre o valor herdado e sobre o valor doado, a alíquota máxima da França, por exemplo, é de 60% sobre o valor herdado e 45% sobre o valor doado.

País	Imposto sobre Herança Médio	Imposto sobre Herança Máximo	Imposto sobre Doação Médio	Imposto sobre Doação Máximo
BRASIL	3,86%	8,00%	3,23%	8,00%
EUA	29,00%	40,00%	29,00%	40,00%
Alemanha	28,50%	50,00%	28,50%	50,00%
Austrália	0,00%	0,00%	0,00%	0,00%
Canadá	0,00%	0,00%	0,00%	0,00%
Chile	13,00%	25,00%	18,20%	35,00%
China	0,00%	0,00%	0,00%	0,00%
França	32,50%	60,00%	25,00%	45,00%
Índia	0,00%	0,00%	15,00%	30,00%
Inglaterra	40,00%	40,00%	30,00%	40,00%
Itália	6,00%	8,00%	6,00%	8,00%
Japão	30,00%	50,00%	30,00%	50,00%
Luxemburgo	24,00%	48,00%	8,10%	14,40%
México	0,00%	0,00%	0,00%	0,00%
Noruega	0,00%	0,00%	0,00%	0,00%
Rússia	0,00%	0,00%	0,00%	0,00%
Suécia	0,00%	0,00%	0,00%	0,00%
Suíça	25,00%	50,00%	25,00%	50,00%

Após o estudo realizado pela Ernest & Young, o imposto sobre transmissão *causa mortis* e doação voltou a ser assunto em destaque, principalmente pelo fato de que os Estados brasileiros e Distrito Federal necessitam aumentar a arrecadação de suas receitas.

Em julho de 2015, foi apresentada no Senado Federal a Proposta de Emenda à Constituição – PEC nº 96, de 2015, que visa instituir adicional sobre o imposto de transmissão *causa mortis* e doação, incidente sobre

---

[89] FONTE: Levantamento da empresa de Consultoria EY – Ernest & Young: Disponível em <http://www.ey.com/br/pt/services/release_brasil_menores_aliquotas_heranca.> Acesso em 29 mai. 2017.

[90] FONTE: <http://www.ey.com/br/pt/services/release_brasil_menores_aliquotas_heranca> Acesso em 29 mai. 2017.

grandes riquezas, a ser administrado pela União e denominado de Imposto sobre Grandes Heranças e Doações.

Na justificativa da PEC nº 96, de 2015, consta que sua finalidade é angariar recursos a serem destinados ao Fundo Nacional de Desenvolvimento Regional para o financiamento da Política de Desenvolvimento Regional. Consta ainda que a alíquota máxima do adicional não poderá ser superior à praticada na tributação do imposto de renda das pessoas físicas, atualmente fixada em 27,5%.

No entanto, a proposta formulada não esclareceu qual seria o fato gerador do referido adicional nem explicou o que deveria ser considerado "grandes heranças e doações". A referida PEC ainda não foi votada e encontra-se na Comissão de Constituição, Justiça e Cidadania – CCJ desde 06 de outubro de 2016[91].

Posteriormente ao protocolo da PEC nº 96, de 2015, no Senado Federal, o Conselho Nacional de Política Fazendária – CONFAZ, que reúne os representantes das Secretarias de Fazenda Estaduais, também se manifestou sobre o ITCMD e encaminhou o Ofício Consefaz nº 11, de 10 de setembro de 2015, ao Senado Federal, propondo a elevação da alíquota máxima do ITCMD de 8% para 20%.

A justificativa para tal proposta foi a dificuldade financeira enfrentada pelos Estados brasileiros e Distrito Federal. Veja-se:

> A fixação da alíquota máxima de 20% (vinte por cento) pretende ampliar a prerrogativa dos estados e do Distrito Federal em aumentar a alíquota do imposto, considerando o atual quadro de dificuldades financeiras dos governos subnacionais, e, tendo em conta que uma tributação mais justa e que impacta menos as relações econômicas é aquela que é feita se sobretaxando os contribuintes mais aquinhoados, e portanto sujeitos aos impostos diretos, e não aumentando impostos que afetam a população como um todo, pobres e ricos, como ocorre com os indiretos, prática esta já comum nos países desenvolvidos[92].

---

[91] FONTE: Disponível em: <https://www25.senado.leg.br/web/atividade/materias/-/materia/122230>. Acesso em 29 mai. 2017.
[92] FONTE: Disponível em: <https://www.confaz.fazenda.gov.br/acesso-restrito-1/consefaz/correspondencias/oficio-CONFAZ/2015/11-oficio-consefaz-ndeg-11-15> Acesso em 29 mai. 2017.

Ainda não há prazo estipulado pelo Senado Federal para definir sobre o atendimento do Ofício Consefaz nº 11, de 10 de setembro de 2015.

Em paralelo ao andamento da PEC nº 96, de 2015, e do Ofício nº 11, de 10 de setembro de 2015, do Confaz, tem-se a Proposta de Reforma Tributária apresentada em agosto de 2017 na Câmara dos Deputados, sob relatoria de Luiz Carlos Hauly (PSDB/PR), que pretende que a administração do ITCMD seja de competência da União, com o objetivo de se tornar significativo imposto sobre o patrimônio, como é feito nos países de Organização para a Cooperação e Desenvolvimento Econômico – OCDE[93].

Enquanto a Proposta de Emenda à Constituição, o Ofício do Confaz e o Projeto de Lei estão pendentes de apreciação, alguns Estados da Federação e o Distrito Federal, visando, desde já, aumentar a arrecadação e recuperar parte da receita perdida, decidiram aumentar a alíquota do ITCMD dentro do limite permitido de 8% e intensificar a fiscalização sobre o pagamento desse imposto.

Entre os Estados que aumentaram a alíquota do ITCMD no período de 2014 a 2017, tem-se o Ceará, Distrito Federal, Goiás, Pernambuco, Piauí, Rio de Janeiro, Sergipe, Tocantins, entre outros.

O Estado de São Paulo manteve a alíquota fixa de 4% para a transmissão de herança e doação. No entanto, consta nas Leis de Diretrizes Orçamentárias, para os exercícios de 2017 e 2018, a possibilidade de alteração da legislação estadual, visando à tributação mais eficiente e equânime; Veja-se:

> Artigo 27 – O Poder Executivo poderá enviar à Assembleia Legislativa projetos de lei dispondo sobre alterações na legislação tributária, especialmente sobre:
>
> [...]
>
> III – **modificação nas legislações do** Imposto sobre Operações Relativas à Circulação de Mercadorias e sobre Prestações de Serviços de Transporte Interestadual e Intermunicipal e de Comunicação – ICMS, **Imposto sobre**

---

[93] HAULY, Luiz Carlos. Reforma Tributária Proposta. 2017. Disponível em: < http://www2.camara.leg.br/atividade-legislativa/comissoes/comissoes-temporarias/especiais/55a-legislatura/reforma-tributaria/documentos/outros-documentos/22.08.17ResumodaReformaTributria.pdf>. Acesso em 01 out. 2017.

a Transmissão "Causa Mortis" e Doação de Bens e Direitos – ITCMD e Imposto sobre Veículos Automotores – IPVA, **com o objetivo de tornar a tributação mais eficiente e equânime, preservar a economia paulista e estimular a geração de empregos e a livre concorrência**[94].

Artigo 28 – O Poder Executivo poderá enviar à Assembleia Legislativa projetos de lei dispondo sobre alterações na legislação tributária, especialmente sobre:

[...]

III – **modificação nas legislações do** Imposto sobre Operações Relativas à Circulação de Mercadorias e sobre Prestações de Serviços de Transporte Interestadual e Intermunicipal e de Comunicação – ICMS, **Imposto sobre a Transmissão "Causa Mortis" e Doação de Bens e Direitos – ITCMD** e Imposto sobre Veículos Automotores – IPVA, **com o objetivo de tornar a tributação mais eficiente e equânime, preservar a economia paulista e estimular a geração de empregos e a livre concorrência**[95].

Ainda, de acordo com a Análise da Receita Tributária Total do Estado de São Paulo de maio de 2017, percebe-se que houve um aumento de arrecadação do ITCMD em comparação com o ano de 2016, em decorrência de uma fiscalização mais rígida por parte do Estado: "A arrecadação de ITCMD somou, em abril, R$ 169,9 milhões. Apresentou crescimento de 19,7% em comparação ao mesmo mês de 2016"[96].

Em que pese o presente trabalho abordar apenas a legislação do ITCMD do Estado de São Paulo, a tabela a seguir apresenta as alíquotas vigentes do ITCMD, no ano de 2017, nos 26 Estados brasileiros e Distrito Federal.

---

[94] Lei Estadual nº 16.291, de 20 de julho de 2016. Disponível em: < http://www.orcamento.planejamento.sp.gov.br/diretrizes-orcamentarias >. Acesso em 07 ago. 2017. (Grifo nosso).
[95] Lei nº 16.511, de 27 de julho de 2017. Disponível em: < http://www.orcamento.planejamento.sp.gov.br/diretrizes-orcamentarias >. Acesso em 07 ago. 2017. (Grifo nosso).
[96] Disponível em: <https://portal.fazenda.sp.gov.br/acessoinformacao/Paginas/Relat%C3%B3rios-da-Receita-Tribut%C3%A1ria.aspx>. Acesso em 03 jun. 2017.

ESTADO	HERANÇA	DOAÇÃO
ACRE	4%	2%
ALAGOAS	2% a 4%	2% a 4%
AMAPÁ	4%	3%
AMAZONAS	4%	4%
BAHIA	4% a 8%	3,5%
CEARÁ	2% a 8%	2% a 8%
DISTRITO FEDERAL	4% a 6%	4% a 6%
ESPÍRITO SANTO	4%	4%
GOIÁS	2% a 8%	2% a 8%
MARANHÃO	3% a 7%	1% a 2%
MATO GROSSO	2% a 8%	2% a 8%
MATO GROSSO DO SUL	6%	3%
MINAS GERAIS	5%	5%
PARÁ	4%	4%
PARAÍBA	2% a 8%	2% a 8%
PARANÁ	4%	4%
PERNAMBUCO	2% a 8%	2% a 8%
PIAUÍ	2% a 6%	4%
RIO DE JANEIRO	4,5% a 5%	4,5% a 5%
RIO GRANDE DO NORTE	3% a 6%	3% a 6%
RIO GRANDE DO SUL	0% a 6%	3% a 4%
RONDÔNIA	2% a 4%	2% a 4%
RORAIMA	4%	4%
SANTA CATARINA	1% a 8%	1% a 8%
SÃO PAULO	4%	4%
SERGIPE	2% a 8%	4%
TOCANTINS	2% a 8%	2% a 8%

Cumpre destacar que, até o ano de 2014, apenas três Estados da Federação adotavam a alíquota máxima de 8%, quais sejam, Bahia, Ceará e Santa Catarina. Atualmente, somam-se a eles os Estados de Pernambuco, Goiás, Mato Grosso, Paraíba, Sergipe e Tocantins, totalizando, portanto, nove unidades da federação que adotam a alíquota máxima de 8%, de forma progressiva.

Esse cenário instável e o aumento da alíquota do ITCMD em alguns Estados Brasileiros e no Distrito Federal foram um dos motivos que proporcionou o aumento da procura e discussão acerca do chamado Planejamento Tributário aplicado à Sucessão Hereditária dentro das relações familiares e empresariais, nos últimos anos.

6. Sucessão patrimonial legítima

6.1 O Processo de Inventário e Partilha de Bens

Apesar de não ser objetivo deste trabalho abranger todo o aspecto que envolve o procedimento de inventário e partilha de bens, cabe examinar os pontos introdutórios para melhor compreensão da respectiva tributação incidente nesse procedimento.

Inicialmente, destaca-se que a realização do inventário com a descrição pormenorizada de todos os bens, direitos e obrigações deixados pelo *de cujus* faz-se obrigatória, até mesmo quando existe um único herdeiro, para que se possa dividir o patrimônio deixado pelo *de cujus* e para atender os interesses do Fisco e de eventuais credores do espólio.

O procedimento de inventário tem natureza processual, cabendo, portanto, ao Código de Processo Civil regular sobre o tema; por exemplo, a forma de apuração e descrições dos bens, direitos e deveres deixados pelo *de cujus*. No entanto, como aponta Maria Berenice Dias, a legislação civil também dispôs acerca de algumas regras processuais[97].

---

[97] "CC 1.785 – define o lugar do último domicílio do falecido como o lugar da abertura da sucessão;
CC 1.787 – estabelece norma de direito temporal: a lei vigente quando da morte do *de cujus*;
CC 1.796 – indica o prazo para o início do processo de inventário e o juízo competente para o inventário;
CC 1.797 – identifica a quem compete a administração provisória da herança;
CC 1.977 – admite que seja o testamenteiro nomeado inventariante, se não existirem herdeiros necessários;

Até o final do ano de 2006, era indispensável recorrer à via judicial para iniciar o procedimento do inventário. Todavia, com a edição da Lei Ordinária nº 11.441, de 04 de janeiro de 2007, passou a ser permitida a realização do inventário pela via extrajudicial, por meio de escritura pública, desde que todos os herdeiros sejam capazes e concordes ou que não haja testamento.

Assim, inexistindo testamento ou interessado incapaz, caberá às partes optar pela via judicial ou extrajudicial. Tal afirmação está expressa no novo Código de Processo Civil no artigo 610:

> Art. 610. Havendo testamento ou interessado incapaz, proceder-se-á ao inventário judicial.
>
> § 1º Se todos forem maiores e concordes, o inventário e a partilha poderão ser feitos por escritura pública, a qual constituirá documento hábil para qualquer ato de registro, bem como para o levantamento de importância depositada em instituições financeiras.

A abertura do procedimento de inventário e partilha de bens deverá ser requerida no prazo de até 60 dias a contar da data da abertura da sucessão, ou seja, da data da morte, pela pessoa que ficou com a posse e administração dos bens da herança quando do falecimento do seu autor.

CC 1.978 – confere ao testamenteiro que estiver na posse dos bens legitimidade para requerer o inventário e o cumprimento do testamento;
CC 1.900 – admite que o testamenteiro seja o inventariante se toda a herança for distribuída em legados. Impõe a lei civil a partilha judicial se os herdeiros divergirem ou se algum deles for incapaz (art. 2.016). Quando forem capazes, faculta a partilha amigável por escritura pública, termo nos autos do inventário ou escrito particular homologado pelo juiz (art. 2.015).
A lei de processo disponibiliza quatro procedimentos para ser realizada a partilha:
CPC 610 a 658 – inventário judicial, chamado de solene ou ordinário: quando há conflito entre os herdeiros sobre a partilha;
CPC 659 a 663 – arrolamento sumário: independente do valor do acervo hereditário quando todos os herdeiros são capazes e há consenso na partilha;
CPC 664 – arrolamento simples: quando o valor do espólio não for superior a mil salários mínimos, independente de serem ou não capazes os herdeiros incapazes ou existir testamento;
CPC 610 § 1º – inventário e partilha extrajudiciais, por escritura pública: indispensável que não haja testamento e que os herdeiros, sendo todos capazes, concordem com a partilha".
DIAS, Maria Berenice. **Manual das sucessões**. 4 Ed. São Paulo: Revista dos Tribunais, 2016. p. 548.

O procedimento deve ser encerrado em até 12 meses subsequentes à data da sucessão[98].

Nesse sentido, Maria Berenice Dias afirma que:

> Os prazos são estipulados no interesse do fisco, dos credores e de outros possíveis interessados, para impedir que os herdeiros desviem bens do espólio ou os utilizem até sua deterioração. A imposição de um prazo resguarda também o interesse dos herdeiros que não estão na posse dos bens[99].

Em que pese o prazo estipulado na legislação ser dilatório e impróprio, pois pode ser prorrogado e sua inobservância não acarreta nenhuma penalidade, o Supremo Tribunal Federal já sumulou o entendimento de que a Fazenda Pública Estadual poderá cobrar multa por atraso do início ou término do inventário.

> Súmula 542 do Supremo Tribunal Federal. Não é inconstitucional a multa instituída pelo estado-membro, como sanção pelo retardamento do início ou da ultimação do inventário.

A legislação do Estado de São Paulo prevê a incidência de multa equivalente a 10%, nos casos em que o inventário não for requerido dentro do prazo de 60 dias da abertura da sucessão[100]; caso o imposto não seja recolhido no prazo de até 180 dias da abertura da sucessão, haverá incidência de juros de mora mais penalidade cabível[101].

---

[98] Código de Processo Civil, art. 611: "O processo de inventário e de partilha deve ser instaurado dentro de 2 (dois) meses, a contar da abertura da sucessão, ultimando-se nos 12 (doze) meses subsequentes, podendo o juiz prorrogar esses prazos, de ofício ou a requerimento de parte".
Código de Processo Civil, art. 615: "O requerimento de inventário e de partilha incumbe a quem estiver na posse e na administração do espólio, no prazo estabelecido no art. 611".
[99] DIAS, Maria Berenice. **Manual das sucessões**. 4 Ed. São Paulo: Revista dos Tribunais, 2016. p. 547.
[100] Lei nº 10.705/2000, art. 21: "[...]
I. no inventário que não for requerido dentro do prazo de 60 (sessenta) dias da abertura da sucessão, o imposto será calculado com acréscimo de multa equivalente a 10% (dez por cento) do valor do imposto; se o atraso exceder 180 (cento e oitenta dias), a multa será de 20% (vinte por cento)".
[101] Lei nº 10.705/2000, art. 17: "[...]
§1º. O prazo de recolhimento do imposto não poderá ser superior a 180 (cento e oitenta) dias da abertura da sucessão, sob pena de sujeitar-se à taxa de juros prevista no artigo 20,

Nesse sentido é o entendimento jurisprudencial, que só autoriza a isenção da penalidade nos casos em que houver justo motivo:

AGRAVO DE INSTRUMENTO – Inventário – Recolhimento do ITCMD – Descumprimento do prazo legal de 180 dias – Pedido de isenção dos juros e da multa quando já escoado o prazo de 180 (cento e oitenta) dias da abertura da sucessão previsto no artigo 17, § 1º, da Lei Estadual nº 10.705/00 – Decisão mantida – Agravo desprovido. (Tribunal de Justiça do Estado de São Paulo. Agravo de Instrumento nº 2042626-10.2017.826.0000. Silvio Mazzo Junior (espólio de Ida Mauri Mazzo) e o Juízo. Relator José Roberto Furquim Cabella. São Paulo, 18 abr. 2017)

Agravo de Instrumento. ITCMD. Impossibilidade de isenção de pagamento de juros e multa no recolhimento do imposto. Prazo para recolhimento previsto em lei. Não cabe ao juiz afastar as regras gerais. Inexistência de motivo justo autorizador da dilação do prazo para o recolhimento do imposto. Exame de pedido de dilação do prazo que deve ser submetido ao juízo antes do escoamento do prazo máximo de 180 dias da abertura da sucessão – Decisão mantida. Recurso improvido. (Tribunal de Justiça do Estado de São Paulo. Agravo de Instrumento nº 2077606-85.2014.8.26.000. Catia Regina Ferreira Begnami; Martiniano Zapacosta Begnami e Fazenda do Estado de São Paulo. Rel. Giffoni Ferreira. São Paulo, 16 set. 2014)

INVENTÁRIO – recolhimento do ITCMD – Decisão que acolheu justo motivo para o recolhimento do imposto em prazo superior a 180 dias – Decisão mantida – Causas justificadoras bem demonstradas nos autos – Desídia do inventariante não evidenciada – Cálculo que, ademais, ao que consta, ainda não foi formalmente homologado – Súmula 114, STF – Agravo desprovido. (Tribunal de Justiça do Estado de São Paulo. Agravo de Instrumento nº 2162588-95.2015.8.26.000. Fazenda do Estado de São Paulo e Eloy de Almeida Prado Neto e outro. Relator Galdino Toledo Junior. São Paulo, 26 jul. 2016)

---

acrescido das penalidades cabíveis, ressalvado, por motivo justo, o caso de dilação desse prazo pela autoridade judicial".
Art. 20. "Quando não pago no prazo, o débito do imposto fica sujeito à incidência de juros de mora, calculados de conformidade com as disposições contidas nos parágrafos deste artigo".

O processo de partilha de bens tem por finalidade dividir o patrimônio do falecido e é sucessivo ao inventário, ou seja, terminado o processo de inventário e pagas todas as obrigações da herança, seguir-se-á com a divisão do patrimônio entre os herdeiros e legatários e a separação da meação do cônjuge ou direitos do companheiro, quando for o caso.

Para Maria Berenice Dias:

> **A partilha é o ponto culminante da liquidação da herança, na medida em que põe a termo o estado transitório do espólio, através da entrega do acervo individualizado a cada herdeiro, na proporção do respectivo quinhão.** Esta é a fase final do processo de inventário, na qual se promove a divisão oficial do patrimônio líquido identificado durante o inventário, encerrando-se a comunhão sobre a universalidade dos bens da herança[102].

No mesmo sentido discorre Maria Helena Diniz:

> É a partilha o ponto culminante da liquidação da herança, já que é por meio dela que se especifica o quinhão de cada herdeiro (CC, art. 2.023). Assim sendo, a herança, até a partilha, é uma unidade legalmente indivisível embora seja de natureza divisível, razão pela qual existe a partilha. Esta tem efeito declaratório (JB, 147:198), pois não consiste em ato de transferência de domínio visto que o herdeiro já o recebeu no momento da morte do autor *successsionis*. A sentença homologatória da partilha tem efeito retro-operante, fazendo retroagir a discriminação dos bens à data do óbito, isto é, o herdeiro não passa a ser dono de sua quota a partir da sentença, porém esta retroage à data do óbito do *de cujus*; cada herdeiro, que até a homologação tinha direito a quota ideal do todo, será considerado titular das coisas a ele atribuídas, como se o fosse desde a abertura da sucessão. Durante o inventário, como vimos, é feito um levantamento geral de todos os bens deixados pelo autor da herança, verificando-se o ativo e o passivo do espólio com o respectivo pagamento de todos os débitos do *de cujus*, de modo que a diferença entre o ativo e o passivo é que será objeto de distribuição entre os herdeiros[103].

---

[102] DIAS, Maria Berenice. **Manual das Sucessões**. 4 Ed. São Paulo: Revista dos Tribunais, 2016. p. 602. (Grifo nosso)

[103] DINIZ, Maria Helena. Curso de direito civil brasileiro: direito das sucessões. 22 Ed. São Paulo: Saraiva, 2003. p. 346. **Conforme** PRADO, Clayton Eduardo. **Imposto sobre herança**. 1 Ed. São Paulo: Verbatim, 2009. p. 70-71.

Após a homologação da partilha, o espólio desaparece e os herdeiros e legatários passam a ser tratados como os proprietários legítimos. O direito de cada herdeiro fica circunscrito aos bens que lhe couberem[104].

Um ponto de extrema relevância ao discorrer sobre o procedimento de inventário e partilha de bens é o alto custo envolvido, pois, a depender do montante do acervo hereditário, o valor envolvido no procedimento de inventário, tanto judicial quanto extrajudicial, pode ser exorbitante.

Os custos de um inventário extrajudicial são compostos do valor referente aos honorários advocatícios, fixados em torno de 20%, pois é imprescindível a presença de advogado, somado ao valor referente aos emolumentos fixados por lei estadual, uma vez que a escritura pública é um ato notarial, e aos custos para o registro no Cartório de Registro de Imóvel.

Já o custo do inventário judicial corresponde aos encargos processuais, que compreendem as custas processuais e taxas judiciárias calculadas sobre o valor da causa, somados aos honorários advocatícios, fixados em torno de 20%, e também aos custos para o registro no Cartório de Registro de Imóvel.

Segue-se tabela retirada do *site* do Tribunal de Justiça do Estado de São Paulo, que fixou o valor das taxas judiciais do processo de inventário referente ao ano de 2017. Observa-se que as custas iniciais podem chegar a mais de R$ 70.000,00.

---

[104] Código Civil, art. 2.023: "Julgada a partilha, fica o direito de cada um dos herdeiros circunscrito aos bens do seu quinhão".

6) Inventários, arrolamentos e nas causas de separação judicial e de divórcio, e outras, em que haja partilha de bens ou direitos	Monte-mor até R$ 50.000,00: 10 UFESPs De R$ 50.001,00 até R$ 500.000,00: 100 UFESPs DE R$ 500.001,00 até R$ 2.000.000,00: 300 UFESPs DE R$ 2.000.001,00 até R$ 5.000.000,00: 1.000 UFESPs Acima de R$ 5.000.000,00: 3.000 UFESPs	A taxa deverá ser recolhida antes da adjudicação ou da homologação da partilha Para o exercício de 2017, o valor da UFESP é de R$ 25,07.	Recolhimento: Guia DARE-SP (Documento de Arrecadação de Receitas Estaduais – SP). Código 230-6 **

FONTE: <http://www.tjsp.jus.br/IndicesTaxasJudiciarias/DespesasProcessuais/TaxaJudiciaria> Acesso em 01 jun. 2017.

A gratuidade da justiça no procedimento de inventário pode ser requerida; contudo, a concessão está condicionada ao valor do acervo sucessório, e não à condição econômica dos herdeiros.

Outro ponto importante é referente ao valor dos bens imóveis informados nas primeiras declarações do inventário, tendo em vista que, a Fazenda Pública Estadual poderá "reavaliar" e estipular um valor superior ao informado pelo inventariante[105]. Se os herdeiros não concordarem com o valor atribuído pelo fisco, o juiz determinará a avaliação judicial dos bens[106].

Todavia, a "reavaliação" dos bens, tanto pela Fazenda Pública Estadual, quanto pela via judicial, poderá influenciar, diretamente, na base de cálculo do ITCMD e nas custas processuais, caso ocorra a majoração dos bens, sendo necessária a complementação das custas já pagas.

Ainda, em que pese constar no Código de Processo Civil o prazo para o término do inventário de até 12 meses subsequentes à abertura da

---

[105] Código de Processo Civil, art. 629: "A Fazenda Pública, no prazo de 15 (quinze) dias, após a vista de que trata o art. 627, informará ao juízo, de acordo com os dados que constam de seu cadastro imobiliário, o valor dos bens de raiz descritos nas primeiras declarações".
[106] Código de Processo Civil, art. 630: "Findo o prazo previsto no art. 627 sem impugnação ou decidida a impugnação que houver sido oposta, o juiz nomeará, se for o caso, perito para avaliar os bens do espólio, se não houver na comarca avaliador judicial".

sucessão, o processo judicial não deixa de ser demorado e custoso, principalmente se os herdeiros não forem concordes.

Assim, em que pesem todas as expectativas do Novo Código de Processo Civil acabar com a morosidade do Judiciário, ainda não houve alteração do tempo dispendido nos processos de inventário e partilha de bens, permanecendo os herdeiros se digladiando em juízo durante anos[107].

Outro fato relevante é que, durante o processo de inventário, os bens ficam bloqueados, sem que os herdeiros possam dispor deles como bem entenderem. Em muitos casos, no momento da partilha, considerando um espólio com patrimônio indivisível, ocorre a copropriedade dos bens, o que pode resultar em conflito de interesses entre os herdeiros.

Conforme visto alhures, a herança é transmitida imediatamente aos herdeiros após o ato morte, sem que haja a concessão de um "aviso prévio" para adaptação e sem nenhum tipo de planejamento. Consequentemente, essa situação ocasiona uma série de conflitos e problemas, tais como dilapidação do patrimônio ou desarranjo societário nos casos que envolvem empresas, pois os envolvidos geralmente são pegos desprevenidos.

Existem inúmeros casos em que grandes empresas faleceram em virtude de disputas entre os herdeiros ou da falta de competência para manter os negócios. Eventuais brigas podem, ainda, surgir entre os membros da família na divisão do patrimônio e na demora da solução judicial.

Desse modo, resta claro que a transmissão dos bens por meio de um procedimento longo e custoso de inventário e partilha de bens, sem nenhum planejamento, poderá ocasionar conflitos entre os familiares e, consequentemente, dilapidação do patrimônio adquirido em vida pelo *de cujus*.

6.1.1 Tributação Incidente

O principal tributo incidente no processo de inventário e partilha é o ITCMD, cuja alíquota vigente no Estado de São Paulo é de 4% sobre o

---

[107] DIAS, Maria Berenice. **Manual das sucessões**. 4 Ed. São Paulo: Revista dos Tribunais, 2016. p. 547.

valor da base de cálculo da herança[108]. Cada herdeiro é responsável pelo pagamento do imposto incidente sobre a quota parte recebida[109].

De forma sucinta, serão demonstrados os principais pontos atinentes à cobrança do ITCMD no processo de inventário e partilha de bens.

Primeiro, cumpre mencionar que a base de cálculo do ITCMD é o valor venal do bem ou direito transmitido, expresso em moeda nacional na data da abertura da sucessão, o qual deve ser atualizado monetariamente a partir do dia seguinte, segundo a variação da Unidade Fiscal do Estado de São Paulo – UFESP até a data do pagamento do imposto.

O valor do bem ou direito considerado será atribuído na avaliação judicial e homologado pelo juiz ou declarado pelo inventariante, salvo se houver discordância pela Fazenda Pública Estadual.

No caso de inventário judicial, o imposto deverá ser recolhido no prazo de até 30 dias após a decisão homologatória do cálculo ou do despacho que determinar seu pagamento. Entretanto, o Supremo Tribunal Federal já sumulou o entendimento de que a contagem de prazo para o pagamento do imposto deverá iniciar apenas com a homologação do cálculo.

Súmula 114: O imposto de transmissão "causa mortis" não é exigível antes da homologação do cálculo.

Nesse sentido, José Eduardo Soares de Melo afirma que:

A homologação judicial da avaliação constitui ato imprescindível para a fixação do valor do bem ou direito, objeto da transmissão hereditária, como elemento integrante e necessário para a apuração e quitação do imposto[110].

O professor Daniel Monteiro Peixoto declara também que:

Na hipótese de inventário, conforme observa Regina Fernandes, a base de cálculo é o valor do quinhão do herdeiro ou legatário e, para dimensioná-

---

[108] Lei nº 10.705/2000, art. 16: "O imposto é calculado aplicando-se a alíquota de 4% (quatro por cento) sobre o valor fixado para a base de cálculo".
[109] Lei nº 10.705/2000, art. 2º: "[...]
§ 1º – Nas transmissões referidas neste artigo, ocorrem tantos fatos geradores distintos quantos forem os herdeiros, legatários ou donatários".
[110] MELO, José Eduardo Soares de. **Curso de direito tributário**. 10 Ed. São Paulo: Dialética, 2012. p. 515.

-lo, é necessário aguardar todo o trâmite do processo judicial do inventário. Somente após esta definição é que se procederá o cálculo do imposto, a teor do art. 1.102 do Código de Processo Civil. Feito o cálculo, ouvida a Fazenda Pública, será homologado pela autoridade judicial. Quando for o caso de arrolamento, o próprio inventariante já apresenta, logo na inicial, as primeiras declarações juntamente com prova da quitação dos tributos relativos aos bens do espólio. Ressalve-se que, nos termos do art. 1.031 do Código de Processo Civil, o procedimento só irá a termo mediante verificação do regular pagamento dos tributos pela Fazenda Pública[111].

Se o inventário for extrajudicial, a lavratura da escritura pública só ocorrerá com o comprovante de recolhimento do ITCMD apresentado pelos herdeiros e legatários ao tabelião, que fará a conferência da guia e, após a lavratura da escritura, encaminhará à Fazenda Pública Estadual a declaração, as guias pagas, os documentos recebidos e o traslado da escritura. Ou seja, o pagamento do ITCMD deve ser realizado antes da lavratura da escritura.

A legislação estadual de São Paulo, conforme visto alhures, prevê a aplicação de penalidade em casos de atraso na abertura do inventário, tanto judicial quanto extrajudicial, e quando não recolhido o imposto nos prazos estabelecidos.

No entanto, o recolhimento do ITCMD não é tão simples, pois, por ser de competência concorrente dos Estados-membros, existem regras, alíquotas e prazos de recolhimento diferentes em cada Estado brasileiro. Os herdeiros devem conhecer as legislações de todos os locais em que o *de cujus* tinha bens e direitos.

Assim, caso o inventário seja processado no Estado de São Paulo e o *de cujus* possuísse bem imóvel no Estado do Rio de Janeiro, por exemplo, o herdeiro deverá recolher o ITCMD relativo à transferência dos bens móveis para o Estado de São Paulo e o referente ao bem imóvel para o Estado do Rio de Janeiro.

Vistos os pontos relevantes do ITCMD, cumpre destacar que, dependendo da forma em que for ajustada a partilha, os herdeiros poderão também ser impactados com a incidência do Imposto de Renda.

[111] PEIXOTO, Daniel Monteiro. Sucessão familiar e planejamento tributário I. In. SANTI, Eurico Marcos Diniz de. (Coord.). **Estratégias societárias, planejamento tributário e sucessório**. Saraiva, 2010. p. 201.

Conforme dispõe o artigo 119 do Regulamento do Imposto de Renda – RIR/1999, Decreto nº 3.000, de 26 de março de 1999, a transferência de bens e direitos a herdeiros e legatários na sucessão *causa mortis* poderá ser sujeita a incidência do ganho de capital[112].

Desse modo, caso o herdeiro ou legatário opte por declarar o bem recebido pelo valor constante na última declaração de bens do *de cujus*, não haverá incidência do imposto de renda.

Por outro lado, se a transferência for efetuada pelo valor de mercado, a eventual diferença a maior sujeitar-se-á a apuração do ganho de capital à alíquota de 15%, conforme dispõem o artigo 23, parágrafo 1º da Lei nº 9.532, de 10 de dezembro de 1997, e o artigo 3º da Instrução Normativa da Secretaria da Receita Federal do Brasil nº 84, de 11 de outubro de 2001:

> Lei nº 9.532/1997:
> Art. 23. Na transferência de direito de propriedade por sucessão, nos casos de herança, legado ou por doação em adiantamento da legítima, os bens e direitos poderão ser avaliados a valor de mercado ou pelo valor constante da declaração de bens do *de cujus* ou do doador.
> § 1º Se a transferência for efetuada a valor de mercado, a diferença a maior entre esse e o valor pelo qual constavam da declaração de bens do *de cujus* ou do doador sujeitar-se-á à incidência de imposto de renda à alíquota de quinze por cento.
> IN SRF nº 84/2001:
> Art. 3º Estão sujeitas à apuração de ganho de capital as operações que importem:
> I – [...]
> II – transferência a herdeiros e legatários na sucessão *causa mortis*, a donatários na doação, inclusive em adiantamento da legítima ou atribuição a ex--cônjuge ou ex-convivente, na dissolução da sociedade conjugal ou união

---

[112] RIR/1999, art. 119: "Na transferência de direito de propriedade por sucessão, nos casos de herança, legado ou por doação em adiantamento da legítima, os bens e direitos poderão ser avaliados a valor de mercado ou pelo valor constante da declaração de bens do *de cujus* ou do doador.
§ 1º Se a transferência for efetuada a valor de mercado, a diferença a maior entre esse e o valor pelo qual constavam da declaração de bens do *de cujus* ou do doador sujeitar-se-á à incidência de imposto, observado o disposto nos arts. 138 a 142".

estável, de direito de propriedade de bens e direitos adquiridos por valor superior àquele pelo qual constavam na Declaração de Ajuste Anual do *de cujus*, do doador, do ex-cônjuge ou ex-convivente que os tenha transferido.

Em resposta à Solução de Consulta, a Receita Federal do Brasil afirmou que:

> GANHO DE CAPITAL – TRANSFERÊNCIA DE PROPRIEDADE POR SUCESSÃO – Na transferência de direito de propriedade por sucessão, nos casos de herança ou legado, os bens e direitos poderão ser avaliados a valor de mercado ou pelo valor constante da declaração de bens ou do *de cujus*. Se a transferência for efetuada a valor de mercado, a diferença a maior entre esse e o valor pelo qual constavam da declaração de bens do *de cujus* sujeitar-se-á à incidência de imposto. Dispositivos Legais: Art. 123 da Lei 5.172/1966 (CTN); art. 96 da Lei nº 8.333/1991; art. 49, I; 119, §§ 1º, 2º e 5º, I; 139, § 4º, e 823 do Decreto nº 3.000/99 (RIR/1999); art. 21, §§ 2º e 4º e 18 da Instrução Normativa SRF nº 48/1998; art. 8º da Instrução Normativa SRF nº 39/1993; Portaria MF nº 80/1979, 1, e Parecer Cosit nº 48/1999. (Superintendência Regional da Receita Federal, 7ª Região Fiscal. Processo de Consulta nº 152/01. Diário Oficial, Brasília, DF 18 set. 2001)

Caso seja apurado o ganho de capital, o pagamento do imposto deverá ocorrer até a data prevista para a entrega da declaração final do espólio[113].

Conforme destaca o professor Daniel Monteiro Peixoto, a atualização do bem pelos herdeiros e legatários é opcional. Além disso, o respectivo ganho de capital incidente no momento da transferência é contingente, variando de acordo com as condições de mercado:

> Todavia, a lei apenas faculta o referido ajuste para valor de mercado, podendo perfeitamente deixar de ser feito. Nesta hipótese, o herdeiro receberá o bem pelo valor original e, quando e se realizar a venda do bem, sofrerá a incidência do imposto de renda pelo ganho de capital. Insta acrescentar

---

[113] RIR/1999, art. 119: "[...]
§ 5º O imposto a que se referem os §§ 1º e 4º deverá ser pago:
I – pelo inventariante, até a data prevista para a entrega da declaração final de espólio, nas transmissões *mortis causa*, observado o disposto no art. 13".

que este ganho será contingente, dependendo das efetivas condições do mercado em que se der a venda[114].

Todavia, antes de optar por declarar o bem e direito pelo valor da última declaração de bens do *de cujus* ou pelo sobrevalor sobre o custo de aquisição, recomenda-se que os herdeiros e legatários analisem todas as situações previstas em lei, como eventuais benefícios e isenções fiscais concedidos.

Existem situações, por exemplo, em que é mais vantajoso para os herdeiros e legatários declarar o bem recebido pelo valor de mercado e antecipar o pagamento do imposto de renda no processo de inventário.

Citem-se como exemplo dessas "vantagens" os casos em que os herdeiros e legatários tenham a intenção de alienar o bem recebido logo após a partilha ou para usufruir dos benefícios de redução do percentual sobre o ganho de capital concedido pela Lei nº 7.713, de 22 de dezembro de 1988.

De acordo com o artigo 18 da referida Lei, haverá redução do percentual sobre o ganho de capital nos casos em que o *de cujus* adquiriu o bem imóvel até o ano de 1988, podendo até mesmo ficar isento da tributação caso o imóvel tenha sido adquirido antes de 1969:

> Art. 18. Para apuração do valor a ser tributado, no caso de alienação de bens imóveis, poderá ser aplicado um percentual de redução sobre o ganho de capital apurado, segundo o ano de aquisição ou incorporação do bem, de acordo com a seguinte tabela:

Ano de Aquisição ou Incorporação	Percentual de Redução	Ano de Aquisição ou Incorporação	Percentual de Redução
Até 1969	100%	1979	50%
1970	95%	1980	45%
1971	90%	1981	40%
1972	85%	1982	35%
1973	80%	1983	30%
1974	75%	1984	25%
1975	70%	1985	20%
1976	65%	1986	15%
1977	60%	1987	10%
1978	55%	1988	5%

[114] PEIXOTO, Daniel Monteiro. Sucessão familiar e planejamento tributário I. In. SANTI, Eurico Marcos Diniz de. (Coord.). **Estratégias societárias, planejamento tributário e sucessório**. Saraiva, 2010. p. 180.

Em resposta a processos de consulta sobre o assunto, a Receita Federal do Brasil manifestou no seguinte sentido:

IMPOSTO SOBRE A RENDA DE PESSOA FÍSICA – IRPF – TRANSFERÊNCIA DE PROPRIEDADE DE IMÓVEIS A HERDEIRO E A MEEIRO – **Na transferência do direito de propriedade de bem imóvel efetuada por valor superior ao que vinha sendo declarado pelo cônjuge sobrevivente, o inventariante deverá apurar o ganho de capital para fins de incidência do imposto de renda, podendo empregar o percentual de redução sobre o ganho de capital, a ser determinado em função do ano de aquisição, para os imóveis adquiridos até 1988.** O Demonstrativo de Apuração do Ganho de Capital deverá ser preenchido e anexado à Declaração Final de Espólio e o imposto que for apurado deverá ser pago até a data prevista para a entrega da referida Declaração. Ressalte-se que, se o cônjuge sobrevivente optar por transferir a fração que já lhe pertencia na constância do casamento dos bens imóveis sem alterar seu respectivo valor, poderá, em alienação posterior à homologação da partilha, empregar o percentual de redução sobre o ganho de capital para imóvel adquirido até 1988. Dispositivos Legais: Decreto nº 3.000/99, art. 119, IN SRF nº 84, de 2001, art. 20 e 21. (Superintendência Regional da Receita Federal, 7ª Região Fiscal. Processo de Consulta nº 301/04. Diário Oficial, Brasília, DF, 17 set. 2004; Destaque nosso).

HERANÇA. GANHO DE CAPITAL. Na transferência do direito de propriedade por sucessão, nos casos de herança ou legado, se os bens ou direitos forem transferidos por valor superior ao anteriormente declarado, a diferença positiva entre o valor de transmissão e o valor constante na última declaração de bens e direitos do *de cujus* caracteriza ganho de capital, tributado à alíquota de 15%. No caso de imóveis adquiridos até o ano de 1969, aplica-se o percentual fixo de redução de 100% sobre o ganho de capital apurado. Dispositivos legais: Decreto nº 3.000, de 1999 (Regulamento do Imposto de Renda – RIR/99), art. 119, § 1º e art. 139, e Lei nº 7.713, de 1988, art. 18. (Superintendência Regional da Receita Federal, 9ª Região Fiscal. Processo de Consulta nº 463/09. Diário Oficial, Brasília, DF, 05 jan. 2010).

Outro tributo que poderá incidir no processo de inventário e partilha de bens é o Imposto de Transmissão de Bens Imóveis – ITBI, previsto na Constituição Federal no artigo 156, inciso II:

Art. 156 CF. Compete aos Municípios instituir impostos sobre:
II – transmissão *"inter vivos"*, a qualquer título, por ato oneroso, de bens imóveis, por natureza ou acessão física, e de direitos reais sobre imóveis, exceto os de garantia, bem como cessão de direitos a sua aquisição;

O ITBI incide sobre as transmissões onerosas de propriedade de bens imóveis e é de competência dos municípios. Na cidade de São Paulo, a alíquota vigente do ITBI é 3%[115].

No processo de inventário e partilha de bens, o ITBI será devido nos casos em que a partilha não respeitar, quanto aos bens imóveis, os parâmetros definidos na legislação municipal.

Em relação ao ITBI na sucessão, Silvio de Salvo Venosa entende que:

> Não é demais lembrar que sobre a meação do cônjuge sobrevivente não há imposto, porque não há transmissão da causa de morte. O imposto devido, no caso de cessão de meação, é o *inter vivos*.
> **Sobre transmissão de bens entre herdeiros no inventário também haverá imposto *inter vivos*. Assim também ocorrerá quando o cônjuge recebe bens imóveis de porcentagem acima de sua meação, no que a exceder. A lei específica regulará tais situações. A instituição desse imposto *inter vivos* passou à competência dos Municípios pela atual Constituição (art. 156, II)**[116].

Nesse sentido, o ITBI incidirá nos casos de divisão não equânime de todos os bens entre os herdeiros. Ou seja, sendo diverso o proveito econômico a que cada herdeiro teria direito, pressupõe-se que houve doação no valor correspondente ao montante excedente à parte ideal que caberia a cada um ou transferência onerosa por ato *inter vivos* de um herdeiro ao outro, razão pela qual é devido o ITCMD ou ITBI sobre a parte excedente àquela que o herdeiro beneficiado teria direito.

Inclusive, o Supremo Tribunal Federal já sumulou o entendimento no sentido de que, nos casos de divórcio ou inventário, é legítima a co-

---

[115] Lei Municipal da Cidade de São Paulo nº 11.154, de 30 de dezembro de 1991, artigo 10, inciso II.
[116] VENOSA, Silvio de Salvo. **Direito civil**: sucessões. 17 Ed. São Paulo: Atlas, 2017. p. 116-117. (Grifo nosso)

brança do ITBI (imposto de reposição) quando houver desigualdade nos valores partilhados.

Súmula 116. Em desquite ou inventário, é legítima a cobrança do chamado imposto de reposição, quando houver desigualdade nos valores partilhados.

Alguns doutrinadores defendem, ainda, a incidência do ITBI nos casos em que a partilha de bens ocorra de forma igualitária, mas com diferença na divisão dos bens imóveis, ou seja, defendem que o ITBI deve incidir sobre o percentual superior ao que caberia aos demais herdeiros na partilha universal em relação ao bem imóvel recebido.

Tal incidência seria justificada em razão de que a partilha desigual do bem imóvel foi compensada com bens de outra natureza ou pela reposição em dinheiro, o que caracterizaria a onerosidade na diferença de transmissão.

No entanto, tal entendimento não merece guarida, uma vez que, conforme visto alhures, a herança é uma universalidade de direitos, ou seja, é indivisível, razão pela qual nada impede que os herdeiros, no momento da partilha, queiram afastar possível condomínio de bens, dividindo entre si todos os bens, móveis e imóveis, respeitado o valor devido de cada um de forma igualitária.

Assim, não é devido qualquer imposto, quer seja ITBI, quer seja ITCMD, na divisão desigual dos bens imóveis, desde que a partilha do monte-mor tenha respeitado o valor devido a cada um dos herdeiros.

Por exemplo, supõe-se um inventário com três herdeiros e o seguinte quadro:

a) três imóveis no valor de R$ 100.000,00 cada, atribuídos ao herdeiro 1;
b) um imóvel no valor de R$ 100.000,00 mais diversos bens móveis no valor de R$ 200.000,00 atribuídos ao herdeiro 2;
c) dois imóveis no valor de R$ 100.000,00 cada, mais diversos bens móveis no valor de R$ 100.000,00 atribuídos ao herdeiro 3.

Nessa situação, como a divisão do monte-mor foi igualitária, visto que cada um recebeu o montante de R$ 300.000,00, não haverá incidência do ITBI, independentemente da forma como ocorreu a divisão dos bens imóveis.

Nesse sentido, afirma Eduardo Sabbag:

I.c) A partilha de bens e a onerosidade
Quando há divisão de patrimônio pela metade, por ocasião da partilha em dissolução de sociedade conjugal, não incide o imposto, porque terá havido tão somente partilha dos bens. Todavia, se, por conveniência dos envolvidos, um deles ficar com uma parte do patrimônio imobiliário que corresponda a mais da metade do que lhe caberia, haverá nítida transmissão de propriedade.
Em São Paulo, a Lei n. 11.154/91 (art. 2º) e o Decreto n. 37.344/98 (art. 70, VI) dispõem que o imposto incidirá sobre o valor dos imóveis transmitidos acima de meação ou quinhão. **Assim, o excesso de meação é que gera a tributação. Tal excesso pode ser oneroso ou gratuito. Se oneroso, porque o excedente foi compensado por outras transferências ocorridas quando da partilha, buscando-se a sua equivalência, incidirá o ITBI. Se gratuito, haverá a incidência do ITCMD.** O STJ tem caminhado nessa direção:

EMENTA: TRIBUTÁRIO – IMPOSTO DE TRANSMISSÃO POR DOAÇÃO – ITCMD – SEPARAÇÃO JUDICIAL – MEAÇÃO. 1. Na separação judicial, a legalização dos bens da meação não está sujeita à tributação. 2. Em havendo a entrega a um dos cônjuges de bens de valores superiores à meação, sem indícios de compensação pecuniária, entende-se que ocorreu doação, passando a incidir, sobre o que ultrapassar a meação, o Imposto de Transmissão por Doação, de competência dos Estados (art. 155, I, da CF). 3. Recurso especial conhecido e provido. (Resp. 723.587/RJ, rel. Min. Eliana Calmon, 2ª T., j. em 05-05-2005)
Em fevereiro de 2011, a FGV Projetos, na prova para o Exame de Ordem Unificado/OAB, solicitou a temática em interessante teste. Note o item considerado correto:
"**Nos autos de uma ação de divórcio, os ex-cônjuges, casados em regime de comunhão total de bens, dividiram o patrimônio total existente da seguinte maneira: o imóvel situado no Município X, no valor de R$ 50.000,00, pertencerá ao ex-marido, enquanto o imóvel situado no Município Y, no valor de R$ 30.000,00, pertencerá à ex-esposa. O tributo a ser recolhido será o ITCMD, de competência do Estado, e incidirá sobre a base de cálculo no valor de R$ 10.000,00.**

No caso proposto, é fácil perceber que o excesso da meação só ocorrerá com relação ao patrimônio da ex-esposa, equivalendo a R$ 10.000,00 [Ou seja: (50 + 30) x ½ = 40]. Portanto, tal valor servirá como a base de cálculo para o imposto, que deverá ser o ITCMD, em razão do fato de que o excesso da meação (40 – 30 = 10) foi gratuito: distribui-se um imóvel para cada ex-cônjuge, sem compensações relatadas no problema[117].

Nesse sentido também é a decisão colacionada do Tribunal de Justiça do Estado de São Paulo, transcrita abaixo:

[...]
Montante a ser considerado no cálculo do tributo – o ITBI incide quando configurada transmissão onerosa de bem imóvel referente ao excesso obtido por herdeiro quando da partilha dos bens do *de cujus* – **Para aferir se há excesso, é necessário considerar a totalidade dos bens da herança, que é um todo unitário, nos termos do art. 1.791 do Código Civil** – No caso dos autos, o contribuinte ficou com bem imóvel de maior valor na ocasião da partilha, ressarcindo os demais herdeiros pelo valor excedido do quinhão hereditário. **Necessidade de se considerar todos os bens da herança. Sentença mantida.** Recurso desprovido. (Tribunal de Justiça do Estado de São Paulo. Apelação nº 1040063-77.2015.8.26.0114. Município de Campinas e Wilson Moreira da Costa Junior. Relator Euripedes Faim. São Paulo, 24 out. 2016; Destaque nosso).

Portanto, o ITBI é devido no procedimento de inventário nos casos em que houver excesso de meação ou do quinhão que o herdeiro venha a obter, em relação ao bem imóvel, decorrente de transmissão onerosa, considerando-se, para tanto, todos os bens da herança (móveis e imóveis).

Conforme restou demonstrado, o processo de inventário e partilha de bens é longo, complexo e altamente custoso, não só em razão das taxas judiciais ou cartorárias e dos honorários advocatícios incidentes, mas também em razão da possibilidade de cobrança de diferentes impostos, como o ITCMD, o IR e o ITBI, sem o devido e adequado planejamento.

---

[117] SABBAG, Eduardo. **Manual do direito tributário.** 6 Ed. São Paulo: Saraiva, 2014. p. 1084--1085. (Grifo nosso)

7. Instrumentos de planejamento sucessório

7.1 Testamento

O testamento é o ato pelo qual uma determinada pessoa manifesta expressamente sua última vontade, ao dispor, em todo ou em parte, do seu patrimônio ou em relação a desejos e condições, que surtirão efeitos após a sua morte. Por essa razão, é um dos mais conhecidos instrumentos de planejamento sucessório.

Sobre testamento, Maria Berenice Dias diz que:

> É assegurado ao titular dos bens, o direito de, por meio de testamento, eleger herdeiros e legatários, isto é, sucessores a título universal ou particular. O testador regula, em ato unilateral, a distribuição dos seus bens, conforme sua própria vontade. A justificativa para a sucessão testamentária é permitir a destinação de bens e valores a qualquer pessoa[118].

Karine Costalunga, Deborah Kirschbaum e Roberta Prado conceituam o testamento da seguinte forma:

> Um negócio jurídico personalíssimo, unilateral, solene, gratuito e revogável. É personalíssimo, porque é o próprio disponente de quem emite a declaração de vontade, com o intuito de exprimir a forma absoluta de sua vontade pessoal. É gratuito, porque os beneficiários contemplados recebem o bem sem ônus correspondente, sem reciprocidade patrimonial. É solene,

---

[118] DIAS, Maria Berenice. **Manual das sucessões**. 4 Ed. São Paulo: Revista dos Tribunais, 2016. p. 339.

pois seu fim é garantir o cumprimento da real vontade do testador, razão pela qual é cercado de garantias e formalidades. É revogável, porque faculta ao testador, até o momento de sua morte, alterar suas disposições, podendo conceder direitos a sujeitos até então não contemplados. E é unilateral, porque se torna perfeito com uma única declaração de vontade – aperfeiçoa-se com a manifestação de vontade soberana e livre, bastando para a validade do ato[119].

Em relação à capacidade testamentária, tem-se a capacidade ativa, que prevê que qualquer pessoa natural e maior de 16 anos pode testar, com exceção dos incapazes ou daqueles que não tenham pleno discernimento[120]. Em relação à capacidade passiva, a legislação nada opôs, ou seja, qualquer pessoa, física ou jurídica, é capaz de receber por testamento.

A pessoa que recebe a herança por testamento é denominada herdeiro testamentário ou legatário. O herdeiro testamentário recebe a universalidade ou a fração de que o testador pode dispor. O legatário recebe um determinado bem ou direito devidamente singularizado[121].

Conforme já visto, o poder de testar é limitado, pois, existindo herdeiros necessários, deve ser respeitada a parte da legítima, bem como a fração a que faz jus o cônjuge sobrevivente a título de concorrência sucessória.

Nesse sentido, Maria Berenice Dias afirma que:

> Quando da abertura da sucessão, havendo herdeiros necessários, a metade indisponível pertence a eles e a outra metade vai aos herdeiros indicados pelo testador. Portanto, **a legítima é a parcela da herança correspondente a 50%, resguardados aos herdeiros necessários. A parte disponível, corresponde aos outros 50%, é a que o testador pode livremente deixar a quem quiser, por disposição de última vontade, ou mesmo por**

---

[119] COSTALUNGA, Karine; KIRSCHBAUM, Deborah; PRADO, Roberta Nioac. Sucessão familiar e planejamento sucessório I. In: SANTI, Eurico Marcos Diniz de. (Coord.). **Estratégias societárias, planejamento tributário e sucessório**. São Paulo: Saraiva, 2010. p. 225.

[120] Código Civil, art. 1.860: "Além dos incapazes, não podem testar os que, no ato de fazê-lo, não tiveram pleno discernimento.
Parágrafo único: Podem testar os maiores de 16 anos".

[121] DIAS, Maria Berenice. **Manual das sucessões**. 4 Ed. São Paulo: Revista dos Tribunais, 2016. p. 339.

meio de doação. A autonomia da vontade do titular da herança limita-se à outra metade, que por isso é chamada de parte disponível. **A fração do acervo sucessório reservada aos herdeiros necessários é intocável, e a transmissão da herança a eles independe da vontade do *de cujus*** [122].

Isso significa que o testador, respeitando a parte da legítima que corresponde a 50% do seu patrimônio, pode dispor dos bens entre os herdeiros de forma livre, podendo até mesmo distribuir para um terceiro estranho à relação familiar, ou até mesmo para uma pessoa que ainda não foi concebida, desde que manifeste expressamente essa vontade[123].

Todavia, o direito à legítima é restrito, tão somente, ao valor total do patrimônio, não alcançando o direito de preferência por determinado bem, conforme exemplificam Gladston Mamede e Eduarda Cotta Mamede:

> **A existência da legítima, contudo, não afasta o direito de livre indicação dos bens que irão compor a parte de cada herdeiro desde que respeitados os limites legais.** Se o patrimônio do testador é de R$ 1.000.000,00 e há quatro herdeiros necessários, R$ 500.000,00 comporão a legítima, ou seja, cada herdeiro necessário terá direito legal a R$ 125.000,00. Os outros R$ 500.000,00 podem ser livremente dispostos. Isso quer dizer que, respeitando o valor da legítima, o testador pode distribuir livremente os bens entre os herdeiros (e, mesmo, para um terceiro). **O direito à legítima limita-se ao valor, não alcançando o direito de preferir certo bem e/ou não aceitar outro(s).** É possível deixar um imóvel rural para um herdeiro, quotas ou ações para outro, depósitos bancários para outro etc. Essa distribuição será válida mesmo se as partes (os quinhões) não forem absolutamente iguais, desde que se garanta, a todos, a legítima. No exemplo acima, isso quer dizer que todos devem receber bens que, no mínimo, totalizem R$ 125.000,00. Aliás, nada impede que um receba bem(ns)

---

[122] DIAS, Maria Berenice. **Manual das sucessões.** 4 Ed. São Paulo: Revista dos Tribunais, 2016. p. 279. (Grifo nosso)
[123] Código Civil, art. 1.799: "Na sucessão testamentária podem ainda ser chamados a suceder:
I – os filhos, ainda não concebidos, de pessoas indicadas pelo testador, desde que vivas estas ao abrir-se a sucessão;
II – as pessoas jurídicas;
III – as pessoas jurídicas, cuja organização for determinada pelo testador sob a forma de fundação".

no valor de R$ 125.000,00 e outro bem(ns) no valor de R$ 500.000,00. Aliás, três podem receber apenas R$ 125.000,00 e outro receber R$ 625.000,00, ou seja, sua parte na legítima e a totalidade da parte testável. É o que se apura do artigo 1.849 do Código Civil[124].

Vistos os conceitos básicos do testamento, cabe abordar as vantagens da sua utilização como instrumento de planejamento sucessório.

O primeiro ponto, senão o mais importante, é que o testamento permite que o titular do patrimônio disponha sobre a divisão dos seus bens, com efeito após a sua morte, podendo designar, por exemplo, quais os bens que irão preencher os quinhões hereditários dos herdeiros necessários; condicionar o recebimento da herança para certo fim ou por certo motivo; e impor determinados encargos[125].

Nesse sentido, Maria Berenice Dias afirma que:

> Via testamento pode o titular do patrimônio deliberar sobre a própria partilha, identificando os bens que irão compor a meação do cônjuge ou companheiro, o direito concorrente dos mesmos e o quinhão de cada herdeiro (CC 2.014)[126].

E ainda diz que:

> Pode ser individualizado o quinhão de todos os herdeiros, de alguns, ou apenas de um deles, deixando-se o restante para a partilha judicial. Também é possível delimitar a partilha sobre bens específicos, indicando qual o herdeiro que deve ficar com determinado bem. (...) Assim, o testador pode atribuir ao filho os imóveis e às filhas só bens móveis, perversa tendência que ainda existe em alguns rincões. Por ocasião da partilha haverá compen-

---

[124] MAMEDE, Gladston; MAMEDE, Eduarda Cotta Mamede. **Holding familiar e suas vantagens**: planejamento jurídico e econômico do patrimônio e da sucessão familiar. São Paulo: Atlas, 2017. p. 96. (Grifo nosso)

[125] Código Civil, art. 2.014: "Pode o testador indicar os bens e valores que devem compor os quinhões hereditários, deliberando ele próprio a partilha, que prevalecerá, salvo se o valor dos bens não corresponder às quotas estabelecidas".

[126] DIAS, Maria Berenice. **Manual das sucessões**. 4 Ed. São Paulo: Revista dos Tribunais, 2016. p. 92.

sação com os demais bens para assegurar a igualdade das legítimas. Se houve excesso, cabe reduzir o quinhão (CC 1.967)[127].

Apesar de o testamento ter como finalidade primordial a disposição de bens, ele poderá conter também disposições exclusivamente não patrimoniais e conteúdos morais, como conselhos, confissões, demonstração de carinho ou repulsa, para que, eventualmente, se possa compreender a vontade real do testador[128].

Ou seja, o titular do patrimônio poderá expressar absolutamente sobre quase tudo no testamento. Entretanto, o testador não poderá impor cláusulas restritivas de direito, como a cláusula de inalienabilidade, impenhorabilidade e incomunicabilidade sobre os bens da legítima, salvo se houver um justo motivo[129].

Nesse sentido, afirma Maria Berenice Dias:

> Na sucessão testamentária, o poder discricionário do titular é quase absoluto. Ao fim e ao cabo, como é ato de liberalidade, o testador pode quase tudo. É que as concessões de bens ou direitos configuram verdadeiras doações: o titular do patrimônio brinda quem quiser, podendo condicionar o recebimento de direito da forma que lhe aprouver. Ao contrário do que acontece com a herança, cuja transmissão é sempre imediata, na sucessão testamentária tem o testador a liberdade de subordinar o recebimento da herança a termo e a condições e impor encargos, tal qual como ocorre nos negócios jurídicos (art. 121 a 137)[130].

Desse modo, percebe-se que o testamento elaborado corretamente e com observância à legislação é um dos melhores instrumentos de planejamento sucessório, pois permite que o titular dos bens evidencie

---

[127] DIAS, Maria Berenice. **Manual das Sucessões**. 4 Ed. São Paulo: Revista dos Tribunais, 2016. p. 396.
[128] Conforme: VENOSA, Silvio de Salvo. **Direito civil**: sucessões. 17 Ed. São Paulo: Atlas, 2017. p. 269.
[129] Código Civil, art. 1.848: "Salvo se houver justa causa, declarada no testamento, não pode o testador estabelecer cláusula de inalienabilidade, impenhorabilidade, e de incomunicabilidade, sobre os bens da legítima".
[130] DIAS, Maria Berenice. **Manual das Sucessões**. 4 Ed. São Paulo: Revista dos Tribunais, 2016. p. 340.

todos os seus desejos e vontades, sem deixar chances de discussão sobre o mérito, salvo em caso de eventual nulidade ou anulabilidade, além de permitir que o testador revogue ou altere, a qualquer tempo, o quanto estipulado.

7.1 Tributação Incidente

A tributação incidente no testamento é semelhante à do processo de inventário, já vista no subcapítulo 6.1.1 deste trabalho.

Conclui-se, portanto, que é incontestável a importância do testamento no planejamento sucessório. Todavia, esse instrumento jurídico em nada auxilia na redução ou eliminação da carga tributária incidente na sucessão patrimonial, além de tornar o processo de inventário e partilha de bens mais burocrático, demorado e custoso, pois mesmo nos casos em que os herdeiros são maiores e concordes, eles não poderão optar pela via extrajudicial.

7.2 Contrato de Doação

O contrato de doação permite que uma pessoa capaz transfira seus bens, imóveis ou móveis, ou direitos para outrem, por ato de mera liberalidade e de forma gratuita[131]. Conforme restará demonstrado, esse contrato é um eficaz e lícito instrumento de planejamento sucessório e independe do valor total do patrimônio.

João Roberto Parizatto conceitua a doação da seguinte forma:

> No contexto jurídico, doação exprime o ato jurídico onde uma pessoa capaz, por vontade própria e mera liberalidade, portanto, resolve dar bens ou vantagens a outrem, tido como donatário, que por sua vez deverá aceitar a doação a si feita, para que ocorra assim a própria validade da doação. A aceitação por parte do donatário pode ser expressa (Código Civil, art. 538), tácita na hipótese do art. 546 do Código Civil, presumida (Código Civil, art. 539) ou ficta (Código Civil, arts. 542 e 543).

---

[131] Código Civil, art. 538: "Considera-se doação o contrato em que uma pessoa, por liberalidade, transfere do seu patrimônio bens ou vantagens para o de outra".

O doador além de ser uma pessoa capaz, deverá ter capacidade para efetuar a doação, eis que em algumas hipóteses verificamos a nulidade da doação (arts. 158, 548, 549 e 550 do Código Civil)[132].

Karine Costalunga, Deborah Kirschbaum e Roberta Prado conceituam o contrato de doação da seguinte forma:

> Existe a opção pelo contrato de doação – instrumento utilizado para efetivar a liberalidade de transferência patrimonial gratuita de uma pessoa (doador) a outra (donatário). Pode ser classificado como contrato unilateral, consensual e gratuito, tendo em vista, respectivamente, o fato de somente o doador adquirir obrigações; a desnecessidade da entrega da coisa doada para o aperfeiçoamento; e o enriquecimento do donatário sem contrapartida[133].

Cumpre destacar que a legislação civil prevê uma limitação no contrato de doação ao dispor, no artigo 548, que o titular do patrimônio não pode doar todos os seus bens, a ponto de ficar sem renda suficiente para sua subsistência:

> Art. 548. É nula a doação de todos os bens sem reserva de parte, ou renda suficiente para a subsistência do doador.

Nesse sentido, Mário Tavernard Martins de Carvalho afirma que:

> Nesse diapasão, a legislação veda que a pessoa doe todos os seus bens, ainda que para herdeiros necessários, caso isso possa o levar para uma condição de miserabilidade. Então, principalmente para a hipótese doação de bens, será imperioso observar essa previsão legal, com o fito de garantir que o doador permaneça ou usufrua de bens que lhe viabilizem a sobrevivência[134].

---

[132] PARIZATTO, João Roberto. **Manual de prática dos contratos**. 3 Ed. São Paulo: Parizatto, 2009. p. 120.
[133] COSTALUNGA, Karine; KIRSCHBAUM, Deborah; PRADO, Roberta Nioac. Sucessão familiar e planejamento sucessório I. In: SANTI, Eurico Marcos Diniz de. (Coord.). **Estratégias societárias, planejamento tributário e sucessório**. São Paulo: Saraiva, 2010. p. 224.
[134] CARVALHO, Mário Tavernard Martins de. Planejamento sucessório no âmbito da empresa familiar. In. COELHO, Fábio Ulhoa; FÉRES, Marcelo Andrade (Coords.). **Empresa familiar**: estudos jurídicos. São Paulo: Saraiva, 2014. p. 455.

Uma das vantagens desse instrumento é a possibilidade de o titular do patrimônio utilizar de forma expressa as cláusulas restritivas de direito, como a cláusula de usufruto vitalício em favor do doador, a cláusula de impenhorabilidade, a cláusula de incomunicabilidade, a cláusula de reversão e a cláusula de inalienabilidade.

A cláusula de usufruto é de extrema importância, pois preserva a subsistência do doador, bem como conserva seu poder de decisão sobre o patrimônio doado. Ou seja, o doador transfere aos herdeiros à nua-propriedade e conserva o usufruto da coisa, ilidindo a nulidade prevista no artigo 548 do Código Civil.

Em relação à cláusula de usufruto, Mário Tavernard Martins de Carvalho afirma que:

> O usufruto pode ter por objeto qualquer bem, ou até mesmo uma parte ou universalidade de bens, sejam móveis ou imóveis, corpóreos ou incorpóreos, abrangendo-lhe, no todo ou em parte, os frutos e utilidades. [...][135].

Todavia, essa restrição na doação de bens imóveis poderá gerar eventuais contratempos ao doador, uma vez que, como o contrato de doação não pode ser revogado, o doador não poderá dispor livremente do bem sem a prévia e expressa autorização do donatário.

Nesse sentido, observa-se o que entendem Roberta Nioac, Karine Costalunga e Deborah Kirschbaum:

> É de se ressaltar que essa opção, quando envolve bens imóveis, pode gerar inconvenientes futuros aos doadores. **Diferentemente do testamento que pode ser modificado a qualquer tempo pelo testador (art. 1.858 do CC), uma vez doada a nua-propriedade de um imóvel, mesmo que reservado o usufruto vitalício para o doador, o mesmo não poderá reverter a doação, ou aliená-lo de qualquer forma, sem a anuência expressa do nu-proprietário.** Apenas poderá ser cedido o exercício do usufruto, a título gratuito ou oneroso, nos termos do art. 1.393 do Código Civil[136].

---

[135] CARVALHO, Mário Tavernard Martins de. Planejamento sucessório no âmbito da empresa familiar. In. COELHO, Fábio Ulhoa; FÉRES, Marcelo Andrade (Coords.). **Empresa familiar:** estudos jurídicos. São Paulo: Saraiva, 2014. p. 456.

[136] PRADO, Roberta Nioac; COSTALUNGA, Karine; KIRSCHBAUM, Deborah. Sucessão familiar e planejamento sucessório II. In: SANTI, Eurico Marcos Diniz de. (Coord.). **Estratégias**

A cláusula de reversão permite que os bens voltem ao patrimônio do doador em caso de sobrevir ao donatário. Essa cláusula é de suma importância no planejamento sucessório, por não permitir que o bem doado, no caso de morte prematura do donatário, seja transmitido aos herdeiros deste, que podem não ter a mesma intenção e objetivos do doador e do donatário, em relação ao bem doado.

Em relação à cláusula de reversão, Mário Tavernard Martins de Carvalho afirma que:

> o doador pode estipular que, se o donatário falecer primeiro, os bens retornam ao patrimônio daquele. Ademais, vale acrescentar a possibilidade de imposição de encargos na doação, que deverão ser cumpridos pelos donatários para que os bens doados possam realmente ser integralmente aproveitados[137].

A cláusula de inalienabilidade impede que o donatário disponha do bem doado. A cláusula de impenhorabilidade, por sua vez, impede que os bens doados sejam dados como garantia de dívidas assumidas pelo donatário. Ou seja, a cláusula de inalienabilidade implica a cláusula de impenhorabilidade.

Já a cláusula de incomunicabilidade garante que os bens doados não sejam comuns em razão de posterior casamento do donatário. Todavia, em caso de falecimento do donatário, os herdeiros necessários e o cônjuge, a depender do regime de casamento adotado, têm direito ao bem doado, salvo nos casos em que conste expressamente no contrato de doação a cláusula de reversão.

Em relação às cláusulas de inalienabilidade, incomunicabilidade e impenhorabilidade, Mário Tavernard Martins de Carvalho afirma que:

> A cláusula de inalienabilidade, como o próprio nome diz, representa uma limitação ao direito de dispor daquele(s) bem(s) recebido(s). A imposição desta cláusula em atos de liberalidade implica impenhorabilidade e incomunicabilidade. A cláusula de incomunicabilidade refere-se à não comuni-

---

societárias, planejamento tributário e sucessório. São Paulo: Saraiva, 2010. p. 249. (Grifo nosso)

[137] CARVALHO, Mário Tavernard Martins de. Planejamento sucessório no âmbito da empresa familiar. In. COELHO, Fábio Ulhoa; FÉRES, Marcelo Andrade (Coords.). **Empresa familiar:** estudos jurídicos. Saraiva, 2014. p. 458.

cação com os bens do cônjuge ou convivente, e a de impenhorabilidade à impossibilidade de penhora do bem gravado em razão de dívidas do donatário.

A imposição dessas cláusulas representa limitações ao livre exercício dos atributos da propriedade dos respectivos bens. Por isso, no tocante à parte legítima da herança, o doador somente pode estabelecer as referidas cláusulas (inalienabilidade, incomunicabilidade e impenhorabilidade) se houver justa causa[138].

Por permitir a utilização de diversos mecanismos, como as cláusulas restritivas de direito, o contrato de doação é um instrumento de extrema importância para as pessoas naturais, em especial, os empresários e donos de empresas familiares que visam à preservação do patrimônio conquistado e a continuidade dos negócios de forma profissional e transparente após sua morte.

Outra vantagem desse instrumento é que os recursos que foram doados em vida não entram no processo de inventário, desde que tenham sido respeitados os direitos dos herdeiros necessários.

Nesse sentido, Maria Berenice Dias destaca que:

> É uma modalidade de planejamento sucessório, com relação à parte disponível, pois é preciso preservar o direito dos herdeiros necessários (CC 2.018). **Trata-se de verdadeira sucessão antecipada. Os bens recebidos não precisam ser trazidos à colação. Feita partilha em vida, se não existirem outros bens a serem partilhados, é desnecessário o processo de inventário**[139].

Assim, caso o titular do patrimônio opte por doar a parte da legítima, instrumento denominado *antecipação de legítima*, o doador deverá observar e respeitar a proporção devida e todos os herdeiros deverão receber igualmente seus quinhões.

---

[138] CARVALHO, Mário Tavernard Martins de. Planejamento sucessório no âmbito da empresa familiar. In. COELHO, Fábio Ulhoa; FÉRES, Marcelo Andrade (Coords.). **Empresa familiar**: estudos jurídicos. Saraiva, 2014. p. 457-458. (Grifo nosso)

[139] DIAS, Maria Berenice. **Manual das sucessões**. 4 Ed. São Paulo: Revista dos Tribunais, 2016. p. 396. (Grifo nosso)

Para Maria Berenice Dias, a antecipação de legítima "[...] nada mais é do que a doação aos herdeiros necessários da parte do patrimônio que irão herdar (CC 544)"[140].

Destaca-se que, quando o titular do patrimônio realiza a doação apenas para um de seus herdeiros necessários, presume-se que o bem foi retirado da parte da legítima, ou seja, que houve antecipação de legítima, razão pela qual os bens devem ser conferidos no processo de inventário[141].

Contudo, o doador poderá doar aos herdeiros necessários os bens da sua parte disponível, desde que manifeste expressamente essa vontade. Assim, o bem doado não precisará ser levado à colação pelo herdeiro beneficiado.

Nesse sentido, Maria Berenice Dias entende que:

> O que for doado a herdeiros necessários se presume extraído da legítima. As doações que favorecem terceiros são retiradas da parte disponível. **Quando a intenção do testador é beneficiar herdeiros necessários com seus bens disponíveis, precisa exteriorizar isso, a fim de dispensá-lo de trazer o bem à colação (CC 2.005). Nada dizendo, considera-se que houve adiantamento de legítima**[142].

Conclui-se, portanto, que o contrato de doação bem planejado e realizado com cautela é um dos instrumentos mais eficazes para dividir e organizar a herança em vida, facilitar o processo de inventário e evitar eventual disputa familiar no momento de partilha dos bens.

7.2.1 Tributação Incidente

O principal tributo incidente no contrato de doação é o imposto sobre doação, também conhecido como ITCMD. Cumpre observar que algu-

---

[140] DIAS, Maria Berenice. **Manual das sucessões**. 4 Ed. São Paulo: Revista dos Tribunais, 2016. p. 396.

[141] Código Civil, art. 2002: "Os descendentes que concorrerem à sucessão do ascendente comum são obrigados, para igualar as legítimas, a conferir o valor das doações que dele em vida receberam, sob pena de sonegação.
Parágrafo único – Para cálculo da legítima, o valor dos bens conferidos será computado na parte indisponível, sem aumentar a disponível".

[142] DIAS, Maria Berenice. **Manual das sucessões**. 4 Ed. São Paulo: Revista dos Tribunais, 2016. p. 282. (Grifo nosso)

mas regras de incidência do imposto de doação são diferentes do imposto de transmissão *causa mortis*.

O imposto de transmissão não onerosa de bens móveis é devido no momento da entrega do bem ao donatário, ou seja, quando ocorre a tradição da coisa. Nos casos de bens imóveis, o imposto é devido no momento do registro no cartório de imóveis.

Todavia, alguns Estados brasileiros, em especial o Estado de São Paulo, estabelecem que o pagamento do referido imposto deve ocorrer "antes da celebração do ato ou contrato correspondente[143]", ou seja, antes mesmo da efetiva transmissão da coisa, o que visa assegurar a arrecadação do imposto.

Conforme restará demonstrado, o contrato de doação utilizado no planejamento sucessório implica consequências tributárias, seja na isenção, na antecipação ou na redução da carga tributária, podendo, portanto, ser utilizado como instrumento de planejamento tributário aplicado à sucessão hereditária.

O primeiro ponto a ser tratado é que, ao doar os bens, o titular do patrimônio antecipa o pagamento do imposto que "seria devido" no momento da transmissão *causa mortis* e garante a alíquota atual do ITCMD, visto que esse imposto é devido pela alíquota vigente ao tempo da abertura da sucessão ou da transmissão gratuita de bens ou direitos.

Desse modo e diante das diversas discussões em pautas no país em relação ao aumento da alíquota do ITCMD, esse ponto, sem dúvidas, é de suma importância e deve ser considerado pelo titular do patrimônio.

Dependendo do Estado da Federação, a alíquota vigente do imposto de transmissão por doação é menor que a alíquota de transmissão *causa mortis*, como é o caso dos Estados do Acre, Amapá, Bahia, Maranhão e Mato Grosso do Sul.

---

[143] Lei nº 10.705/2000, art. 18: "Na doação, o imposto será recolhido antes da celebração do ato ou contrato correspondente".

ESTADO	HERANÇA	DOAÇÃO
ACRE	4%	2%
AMAPÁ	4%	3%
BAHIA	4% a 8%	3,5%
MARANHÃO	3% a 7%	1% a 2%
MATO GROSSO DO SUL	6%	3%
SÃO PAULO	4%	4%

Observa-se que, no Estado de São Paulo, a alíquota do imposto de transmissão gratuita de bens e direitos é a mesma do imposto de transmissão *causa mortis*, qual seja, 4%.

Outro aspecto relevante é que a legislação do Estado de São Paulo prevê a isenção do ITCMD nos casos em que a doação for limitada ao valor de até 2.500 Unidades Fiscais do Estado de São Paulo – UFESP, por ano calendário.

Considerando-se que o valor da UFESP no ano de 2017 foi de R$ 25,07[144], o titular do patrimônio pode doar de forma isenta, por ano calendário, o montante de R$ 62.675,00 para cada beneficiário, conforme dispõe o artigo 6º, inciso II, alínea 'a', da Lei Estadual nº 10.705, de 29 de dezembro de 2000:

Artigo 6º. Fica isenta do imposto:
II – a transmissão por doação:
a) cujo valor não ultrapassar 2.500 (duas mil e quinhentas) UFESPs.

Nesse sentido, Daniel Monteiro Peixoto entende que:

Múltiplos donatários: se um bem possuir valor acima do limite de isenção (R$ 60.000,00 v.g.) e mais de um donatário for beneficiado, não haverá tributo a ser pago em razão da regra de que "ocorrem tantos fatos geradores distintos quantos forem os herdeiros, legatários ou donatários (art. 2º, § 1º)[145].

---

[144] SÃO PAULO. Comunicado DA-98, de 19 de dezembro de 2016. Divulga o valor da Unidade Fiscal do Estado de São Paulo – UFESP para o período de 1º de janeiro a 31 de dezembro de 2017. Governo do Estado de São Paulo. São Paulo, SP, 20 dez. 2016. Disponível em: < http://info.fazenda.sp.gov.br/NXT/gateway.dll/legislacao_tributaria/Agendas/ufesp.html?f=templates&fn=default.htm&vid=sefaz_tributaria:vtribut> Acesso em 05 jun. 2017.

[145] PEIXOTO, Daniel Monteiro. Sucessão familiar e planejamento tributário I. In. SANTI, Eurico Marcos Diniz de. (Coord.). **Estratégias societárias, planejamento tributário e sucessório**. São Paulo: Saraiva, 2010. p. 198.

Todavia, o doador deve ser cauteloso ao optar por realizar a doação parcelada com o único intuito de dispor do benefício concedido pela legislação. Em que pese toda a discussão relativa à desnecessidade de propósito negocial no planejamento tributário discutida no capítulo 2 deste trabalho, o fisco poderá caracterizar essa "doação parcelada" como operação simulada.

Nesse sentido, Paulo Celso B. Bonilha afirma que:

> Não nos parece, portanto, tão viável e isenta de riscos a senda das 'doações parceladas', uma vez que o fisco, em tese, tem condições de comprovar que, na verdade, dissimulam elas um só ato jurídico que as determinou; passível, por via de consequência, de uma só incidência do imposto sobre doações[146].

Por fim, cabe mencionar que o contrato de doação com cláusula de usufruto vitalício permite a segregação do pagamento do imposto de transmissão não onerosa de bens e direitos, sendo o recolhimento realizado em dois momentos distintos: o primeiro será devido na doação com a instituição do usufruto e o segundo, na extinção do usufruto, quando ocorrer a morte do doador.

A Lei nº 10.705, de 29 de dezembro de 2000, do Estado de São Paulo, prevê que a base de cálculo do imposto de doação com instituição de usufruto será correspondente a dois terços do valor do bem. Ocorrida a morte do doador e, consequentemente, a extinção do usufruto, a base de cálculo do ITCMD será correspondente a um terço do valor do bem, conforme dispõe o artigo 9º:

> Artigo 9º. [...]
> § 2º Nos casos a seguir, a base de cálculo é equivalente a:
> 1. 1/3 (um terço) do valor do bem, na transmissão não onerosa do domínio útil;
> 2. 2/3 (dois terços) do valor do bem, na transmissão não onerosa do domínio direto;
> 3. 1/3 (um terço) do valor do bem, na instituição do usufruto, por ato não oneroso.

---

[146] BONILHA, Paulo Celso B. Imposto estadual sobre doações. In: **Grandes questões atuais do direito tributário**. São Paulo: Saraiva, 2001. p. 330-331.

Em relação ao Imposto de Renda, conforme já visto ao tratar da tributação incidente no inventário, no subcapítulo 6.1.1 deste trabalho, não há incidência do imposto sobre os bens transferidos a título de doação.

Todavia, o doador poderá optar por transferir o bem a título de doação pelo valor de mercado, o que ensejará a incidência do ganho de capital à alíquota de 15% sobre a diferença maior entre o valor atualizado e o valor constante na Declaração de Renda[147]. Caso opte por declarar pelo valor constante na Declaração de Renda, não incidirá o Imposto de Renda.

Portanto, conclui-se que o contrato de doação, quando bem estruturado, ou seja, quando observa todas as intenções e vontades do titular do patrimônio e a estrutura familiar, é uma opção de instrumento de planejamento tributário aplicado à sucessão hereditária, por auxiliar na divisão da herança em vida e apresentar benefícios de ordens fiscais, como a garantia da alíquota atual e vigente do ITCMD, permitir a segregação ou até mesmo isenção do pagamento do ITCMD.

7.3 *Holding* Patrimonial ou Familiar

A sociedade *holding* tem como objetivo participar do capital social de outras sociedades empresárias, cuja previsão legal consta no artigo 2º, parágrafo 3º da Lei nº 6.404, de 15 de dezembro de 1976:

> Art. 2º [...]
> § 3º A companhia pode ter como objeto participar de outras sociedades; ainda que não prevista no estatuto, a participação é facultada como meio de realizar o objeto social, ou para beneficiar-se de incentivos fiscais.

Mário Tavernard Martins de Carvalho conceitua *holding* da seguinte maneira:

> O termo *holding* decorre do verbo inglês *to hold*, que significa segurar, deter, manter sob controle, participar. A sociedade *holding* é aquela que participa, detém participações societárias de outras sociedades. Depreende-se, nesse diapasão, que a *holding* não significa um tipo societário, mas se refere ao objeto, atividade da sociedade. A Lei das Sociedades por Ações (n. 6.404/76) prevê expressamente, em seu art. 2º, § 3º, que "a companha pode ter por

---

[147] Lei nº 9.532, de 10 de dezembro de 1997, artigo 23.

objeto participar de outras sociedades; ainda que não prevista no estatuto, a participação é facultada como meio de realizar o objeto social, ou para beneficiar-se de incentivos fiscais[148].

No mesmo sentido, Roberta Nioac Prado, Karine Costalunga e Deborah Kirschbaum assim a conceituam:

> Sociedade *holding* é, em sentido lato, aquela que participa de outras sociedades, como cotista ou acionista. Ou seja, é uma sociedade formalmente constituída, com personalidade jurídica, cujo capital social, ou ao menos parte dele, é subscrito e integralizado com participações societárias de outra(s) pessoa(s) jurídica(s)[149].

Da mesma forma também entendem Fernando Mauro Barrueco, Paulo Salvador Ribeiro Perrotti e Walter Lerner:

> A expressão *Holding* já adotada no nosso vocabulário empresarial, é utilizada para qualificar uma empresa que controla o patrimônio de uma ou mais pessoas físicas, ou seja, as pessoas físicas que possuem bens em seus próprios nomes, passam a possuir esses bens por intermédio de uma pessoa jurídica, a controladora patrimonial, que na maioria das vezes é constituída na forma de uma sociedade limitada[150].

Parte da doutrina classifica a sociedade *holding* como *holding* pura, quando tem como único objetivo a participação no capital de outras sociedades, e *holding* mista, quando tem por objetivo a participação no capital de outras sociedades e a exploração de atividade empresarial.

Em relação à *holding* patrimonial ou familiar, utilizada como instrumento de planejamento sucessório, tem-se que ela pode ser do tipo

---

[148] CARVALHO, Mário Tavernard Martins de. Planejamento sucessório no âmbito da empresa familiar. In. COELHO, Fábio Ulhoa; FÉRES, Marcelo Andrade (Coords.). **Empresa familiar**: estudos jurídicos. São Paulo: Saraiva, 2014. p. 458-459.

[149] PRADO, Roberta Nioac; COSTALUNGA, Karine; KIRSCHBAUM, Deborah. Sucessão familiar e planejamento societário II. In: SANTI, Eurico Marcos Diniz de. (Coord.). **Estratégias societárias, planejamento tributário e sucessório**. São Paulo: Saraiva, 2010. p. 239.

[150] BARRUECO, Fernando Mauro; PERROTTI, Paulo Salvador Ribeiro; LERNER, Walter (Coord.). **Empresas familiares**: estratégias para uma gestão competitiva e aspectos jurídicos essenciais para inovação, sucessão, governança, holding, herdeiros. 2 Ed. São Paulo: IOB, 2010. p. 196-197.

pura ou mista e ter por objeto a organização e centralização de bens próprios, sejam bens móveis ou imóveis.

Em relação à *holding* familiar, Gladston Mamede e Eduarda Cotta Mamede falam que:

> A chamada *holding familiar* não é um tipo específico, mas uma contextualização específica. Pode ser uma *holding* pura ou mista, de administração, de organização ou patrimonial, isso é indiferente. **Sua marca característica é o fato de se enquadrar no âmbito de determinada família e, assim, servir ao planejamento desenvolvido por seus membros, considerando desafios como organização do patrimônio, administração de bens, otimização fiscal, sucessão hereditária etc.**[151]

A sociedade *holding* é uma empresa como qualquer outra, que pode ser constituída na forma de "sociedade limitada", "sociedade por ações" ou até mesmo na forma de "Eireli – empresa individual de responsabilidade limitada". Uma vez integralizado o capital subscrito, os sócios ou acionistas passam a deter apenas as quotas sociais ou ações, enquanto os bens passam a ser de propriedade da sociedade.

Destaca-se que a constituição na forma de sociedade limitada costuma ser a mais recomendada ao elaborar o planejamento sucessório, em virtude da simplicidade e dos custos envolvidos e por não permitir que terceiros ingressem na sociedade. Já a constituição na forma de Eireli não faz muito sentido para fins de sucessão familiar, por conter apenas um membro em seu quadro societário.

Conforme exposto por Maria Helena Diniz, a *holding* permite que o titular do patrimônio estipule quase todas as suas vontades por meio do Contrato Social ou Acordo de Acionistas; veja-se:

> Trata-se de método que atende a qualquer problema de ordem pessoal ou social, podendo equacionar as conveniências de seus criadores, tais como casamento, divórcio, comunhão de bens, autorização do cônjuge para venda de imóveis, procurações, disposições de última vontade, etc. **A cada tipo de problema existe um tipo de holding que, aliada a outros documentos,**

---

[151] MAMEDE, Gladston; MAMEDE, Eduarda Cotta Mamede. **Holding familiar e suas vantagens**: planejamento jurídico e econômico do patrimônio e da sucessão familiar. São Paulo: Atlas, 2017. p. 16-17. (Grifo nosso)

pode suprir necessidades humanas, apresentando soluções legais em diversas formas societárias. [...] A holding familiar facilita a sucessão hereditária e a administração dos bens, garantindo a continuidade sucessória sem necessidade de se aguardar a demorada tramitação do processo de inventário. Nada impede que o contrato social preveja o não ingresso de cônjuges, companheiros ou certa classe de herdeiros nos quadros sociais, dado o aspecto pessoal das cotas sociais[152].

Considerando o objetivo deste trabalho, será dada ênfase às características da *holding* patrimonial ou familiar, pois, conforme restará demonstrado, a sua constituição facilita e agiliza o processo de inventário, bem como apresenta uma série de benefícios e conveniências ao titular do patrimônio.

Sobre *holding* patrimonial e familiar, Mário Tavernard Martins de Carvalho ensina que:

> No contexto das sociedades familiares, a *holding* pode desempenhar um papel bastante importante, especialmente nos casos de existência de várias sociedades operacionais. Com a criação da sociedade *holding* para deter e gerir as participações societárias, propicia-se a harmonização de estratégias entre todas as sociedades do grupo. As relações e conflitos societários se restringirão à sociedade *holding*, causando menores impactos nas atividades das sociedades operacionais. Nesse sentido, há uma tendência a estimular a transparência e a profissionalização da família, uma vez que as decisões tomadas na *holding* definirão as diretrizes de todos os negócios da família. Em vez de os membros da família serem os sócios das sociedades operacionais, a sociedade *holding* é que será.
>
> Independentemente de ter por objeto participar de outras empresas, podem ser constituídas sociedades com o fito de agregar todo o patrimônio familiar, que são as chamadas *holding* familiares. Assim, o capital dessas sociedades pode inclusive ser constituído mediante a integralização de bens pessoais dos membros da família. **As *holdings* familiares são sociedades formadas tendo como principais objetivos a concentração e a proteção do patrimônio familiar, facilitando a gestão dos ativos e, em vários casos, aproveitando de benefícios fiscais.**

---

[152] DINIZ, Maria Helena. **Manual das sucessões**. São Paulo: Revista dos Tribunais, 2013. p. 392. (Grifo nosso)

INSTRUMENTOS DE PLANEJAMENTO SUCESSÓRIO

Com a constituição dessas *holdings* familiares, em vez de os membros da família serem proprietários de cada bem individualmente considerado, esses membros serão sócios dessa sociedade, e esta, por sua vez, será a real proprietária de todos os bens. O contrato social, ou estatuto, estabelecerá as regras e métodos para administração de todo o patrimônio alocado na *holding*[153].

Em relação aos benefícios e conveniências das sociedade *holding* para o titular do patrimônio, Roberta Nioac Prado, Karine Costalunga e Deborah Kirschbaum afirmam que:

> Ademais, além de facilitar a gestão dos ativos, centralizando-os, tal veículo pode facilitar a sucessão de patrimônio familiar imobiliário, ou de difícil divisão, à medida que facilita o processo de inventário. Como é sabido, o inventário que contém muitos bens imóveis ou móveis tende a ser moroso e de difícil conclusão, pois pressupõe uma visão muito alinhada de todos os herdeiros e legatários[154].

Um dos benefícios da *holding* patrimonial ou familiar no planejamento sucessório é a possibilidade de o titular do patrimônio promover a antecipação da legítima doando aos herdeiros as quotas sociais ou ações da empresa. Frise-se que a doação na antecipação de legítima tem de ocorrer de forma igualitária, ou seja, todos os herdeiros deverão receber igualmente seus quinhões.

Nesse sentido, observa-se o que ensinam Fernando Mauro Barrueco, Paulo Salvador Ribeiro Perrotti e Walter Lerner:

> Pela constituição de uma *Holding Patrimonial*, é possível estabelecer-se um planejamento sucessório.
>
> Conforme o artigo 978 do Código Civil, o empresário casado que constituir pessoa jurídica pode, sem necessidade de outorga conjugal, qualquer que

---

[153] CARVALHO, Mário Tavernard Martins de. Planejamento sucessório no âmbito da empresa familiar. In. COELHO, Fábio Ulhoa; FÉRES, Marcelo Andrade (Coords.). **Empresa familiar**: estudos jurídicos. São Paulo: Saraiva, 2014. p. 459-460. (Grifo nosso)

[154] PRADO, Roberta Nioac; COSTALUNGA, Karine; KIRSCHBAUM, Deborah. Sucessão familiar e planejamento societário II. In: SANTI, Eurico Marcos Diniz de. (Coord.). **Estratégias societárias, planejamento tributário e sucessório**. São Paulo: Saraiva, 2010. p. 246.

seja o regime de bens, alienar os imóveis que integram o patrimônio da empresa ou gravá-los de ônus real.

Assim sendo, pode-se distribuir os bens da pessoa física, que estão incorporados à pessoa jurídica, antes mesmo que este venha a falecer. Evita-se, desta maneira, a ansiedade por parte da linha sucessória, posto que o quinhão de cada participante fica definido antes mesmo do falecimento do sócio.

Outrossim, a sucessão fica facilitada por meio da sucessão de quotas da empresa, senão vejamos.

Consoante regra o artigo 1.845 do Código Civil, são herdeiros necessários os descendentes, os ascendentes e o cônjuge, sendo que estes concorrem na mesma proporção na meação prevista no artigo 1.846 conforme se vislumbra do artigo 1.829, incisos I e II, também do Código Civil.

Assim sendo, sabe-se, desde logo, que metade das quotas sociais do sócio que vier a falecer será rateada entre seus descendentes, ascendentes e o cônjuge sobrevivente. O restante das quotas poderá ser devidamente distribuída segundo a vontade do sócio falecido, por meio de testamento. Fácil concluir que a distribuição dos bens é feita mediante a sucessão das quotas sociais da empresa.

Desta maneira, evitam-se os desgastes financeiros e emocionais de um inventário, já que, estando organizada a sucessão dos bens por meio da sucessão de quotas, o procedimento judicial do inventário será mais célere e menos oneroso[155].

Conforme visto ao tratar do contrato de doação, as quotas sociais ou as ações também poderão ser gravadas com cláusulas restritivas de direito, como usufruto vitalício, impenhorabilidade, incomunicabilidade, reversão e inalienabilidade.

Merece destaque a cláusula de usufruto vitalício, por permitir que o titular do patrimônio transfira a propriedade das quotas sociais ou ações para os herdeiros ou legatários e continue com o poder de administração da empresa. Assim, os herdeiros só passam a exercer o poder de gestão após a morte do titular.

[155] BARRUECO, Fernando Mauro; PERROTTI, Paulo Salvador Ribeiro; LERNER, Walter (Coord.). **Empresas familiares:** estratégias para uma gestão competitiva e aspectos jurídicos essenciais para inovação, sucesso, governança, holding, herdeiros. 2 Ed. São Paulo: IOB, 2010. p. 205-206.

Nesse sentido, dispõem Roberta Nioac Prado, Karine Costalunga e Deborah Kirschbaum:

> Assim, no caso de empresas familiares é possível ao patriarca ou matriarca doar a seus herdeiros, como antecipação de legítima ou não, a nua-propriedade de bens móveis, consubstanciados quer seja em ações ou em cotas de sociedades operacionais, ou de *holdings*, puras, mistas, imobiliárias ou patrimoniais, reservando-se o usufruto total ou vitalício.
> Nesse caso, o doador na qualidade de usufrutuário tem a prerrogativa de se autoeleger administrador da(s) sociedade(s) e, nessa qualidade, gerir de maneira mais livre todo o patrimônio empresarial, inclusive podendo comprar e vender bens do ativo empresarial[156].

Quando bem estruturada e planejada, a *holding* pode substituir o testamento e facilitar, ou até mesmo evitar, o processo de inventário, porque o contrato social e o acordo de acionistas ou de sócios poderá prever, de forma expressa e em concordância com todos os herdeiros, todas as regras e condições referentes à forma de sucessão e aos direitos dos herdeiros após a morte do titular do patrimônio e por permitir a transferência da propriedade plena com a extinção do usufruto, sem a necessidade de abertura do processo de inventário.

A professora Roberta Nioac Prado afirma que:

> [...] esse instrumento tem solucionado problemas referentes à herança, substituindo em parte, e muitas vezes de forma mais eficiente, disposições testamentárias. Nesse sentido, um contrato social de limitada ou um acordo de acionistas ou cotistas, pode, por exemplo, regular formas de alienação de participações societárias entre os sócios, definir o procedimento que deve ser adotado no caso da morte de algum deles, ou regular como deverá ser equacionada a entrada de novos herdeiros no conselho de administração ou na gestão executiva da sociedade operacional[157].

---

[156] PRADO, Roberta Nioac; COSTALUNGA, Karine; KIRSCHBAUM, Deborah. Sucessão familiar e planejamento societário II. In: SANTI, Eurico Marcos Diniz de. (Coord.). **Estratégias societárias, planejamento tributário e sucessório**. São Paulo: Saraiva, 2010. p. 249-250.
[157] PRADO, Roberta Nioac. **Aspectos relevantes da empresa familiar**: governança e planejamento sucessório. São Paulo: Saraiva, 2013. p. 268.

Esta autora, conjuntamente com Karine Costalunga e Deborah Kirschbaum, também entende que:

> Além do testamento em diversas situações gerar desentendimentos e brigas intermináveis entre os herdeiros e legatários, bloqueando os bens do inventário e, em geral, prejudicando todos os demais herdeiros, no caso de sucessão envolvendo a nua-propriedade de ações ou de cotas de *holding* com reserva de usufruto, não há nem a necessidade da abertura de inventário para a transmissão do usufruto, uma vez que o usufruto extingue-se "pela renúncia ou morte do usufrutuário" (art. 1.410, I, do CC). Ou seja, havendo renúncia ou morte do usufrutuário automaticamente o usufruto passa a integrar a nua-propriedade do bem, tornando a propriedade do bem, plena novamente[158].

Assim, no âmbito do planejamento sucessório, a *holding* patrimonial ou familiar, além de propiciar a divisão do patrimônio em vida por meio da doação de quotas sociais ou ações, facilita o processo sucessório, evita os desgastes financeiros e emocionais inerentes ao procedimento de inventário, tornando-o mais célere e econômico, fornece liquidez aos ativos imobilizados e garante a continuidade e o pleno funcionamento dos negócios da família.

7.3.1 Tributação Incidente

Ao optar por realizar o planejamento sucessório por meio de constituição de *holding* e transferência não onerosa das quotas sociais ou ações, o titular do patrimônio sujeitar-se-á a antecipação do pagamento do ITCMD, na forma prevista no subtópico 7.2.1 do presente trabalho.

Frisa-se que a antecipação do pagamento de imposto por meio da doação de quotas sociais ou ações pode ser vantajosa pelos seguintes motivos: (i) garante a alíquota atual do ITCMD, visto que a alíquota devida é a vigente no momento da transferência; (ii) em alguns Estados da Federação, a alíquota de doação é menor do que nos casos de transmissão *causa mortis*; e (iii) nos casos de doação com cláusulas de usufruto vitalício, é permitida a segregação do imposto, sendo o pagamento devido em dois momentos distintos.

---

[158] PRADO, Roberta Nioac; COSTALUNGA, Karine; KIRSCHBAUM, Deborah. Sucessão familiar e planejamento societário II. In: SANTI, Eurico Marcos Diniz de. (Coord.). **Estratégias societárias, planejamento tributário e sucessório**. São Paulo: Saraiva, 2010. p. 256.

No Estado de São Paulo, por exemplo, a base de cálculo do imposto na instituição do usufruto corresponde a dois terços do valor do bem e, no caso de extinção, é equivalente a um terço do valor do bem.

Em relação à incidência do Imposto de Renda na constituição da sociedade, é importante observar o destacado nos subtópicos 6.1.1 e 7.2.1 do presente trabalho.

Ocorrendo a conferência para formação do capital social pelo valor constante na declaração de bens, não haverá incidência de ganho de capital. Todavia, caso a conferência seja realizada pelo valor de mercado, incidirá o imposto de renda, com alíquota de 15% sobre a diferença positiva entre o valor de mercado e o valor declarado.

Ainda no âmbito fiscal, além das vantagens referentes ao imposto de transmissão *causa mortis* e doação e do imposto de renda na conferência e integralização do capital social, é cediço que a tributação da pessoa jurídica na maioria das vezes é mais vantajosa que a tributação da pessoa física.

Conforme, resumidamente, explicitam Fernando Mauro Barrueco, Paulo Salvador Ribeiro Perrotti e Walter Lerner, a *holding* proporciona a redução da carga tributária incidente sobre o rendimento da pessoa física e possibilita a adoção do regime do lucro presumido à tributação do Imposto de Renda da Pessoa Jurídica; veja-se:

> Dentre as principais vantagens na constituição de uma *Holding*, está a **redução da carga tributária incidente sobre os rendimentos da pessoa física (IRPF – Imposto de Renda da Pessoa Física):** (i) a possibilidade de realização de planejamento sucessório, ou seja, a transmissão dos bens após a morte; (ii) a preservação do patrimônio pessoal perante credores de uma pessoa jurídica – empresa – da qual a pessoa física participe como sócia ou acionista; (iii) a facilidade na outorga de garantias (avais e fianças); e (iv) a emissão de títulos de crédito – notas promissórias – por intermédio da pessoa jurídica em função de sua maior credibilidade junto ao mercado e também a sua condição de sociedade empresarial.
>
> Em suma, a opção pela constituição de uma pessoa jurídica que controle o patrimônio da pessoa física – *Holding* – implica verdadeiramente vantagens facilmente provadas, uma vez que os bens da pessoa física, que é apenas titular de quotas, passam para a pessoa jurídica, havendo, assim, vantagens para seus titulares, principalmente no que corresponde aos impostos de

transmissão *causa mortis*, doação, bem como acesso fácil a crédito no mercado em geral.

[...]

Pelo fato de as *holdings* participarem de outras empresas operacionais e outros bens mais valiosos do patrimônio familiar, como forma de estruturação do poder decisório e de planejamento tributário, uma das vantagens é a possibilidade da adoção do regime do lucro presumido à tributação de seu IRPJ (Imposto de Renda Pessoa Jurídica)[159].

A forma de apuração dos tributos devidos na sociedade *holding* não será tema deste trabalho. Todavia, faz-se interessante mostrar um resumo comparativo elaborado por Fernando Mauro Barrueco, Paulo Salvador Ribeiro Perrotti e Walter Lerner, entre o lucro real e o lucro presumido, que poderá ser adotado pela sociedade[160]:

LUCRO REAL		LUCRO PRESUMIDO	
IMPOSTO DE RENDA – IRPJ	15% sobre lucro líquido	IMPOSTO DE RENDA – IRPJ	15% sobre o lucro presumido calculado sobre a seguinte base: 8% para Indústria e/ou Comércio; 16% para transportes; e 32% para prestadores de serviços
PIS/PASEP	1,65% sobre o faturamento total	PIS/PASEP	0,65% sobre o faturamento total
COFINS	7,6% sobre o faturamento total	COFINS	3% sobre o faturamento total
CONTRIBUIÇÃO SOCIAL – CSLL	9% sobre lucro líquido	CONTRIBUIÇÃO SOCIAL – CSLL	9% sobre o lucro presumido calculado sobre a base de 32%

[159] BARRUECO, Fernando Mauro; PERROTTI, Paulo Salvador Ribeiro; LERNER, Walter (Coord.). **Empresas familiares**: estratégias para uma gestão competitiva e aspectos jurídicos essenciais para inovação, sucesso, governança, holding, herdeiros. 2 Ed. São Paulo: IOB, 2010. p. 197. (Grifo nosso)

[160] BARRUECO, Fernando Mauro; PERROTTI, Paulo Salvador Ribeiro; LERNER, Walter (Coord.). **Empresas familiares**: estratégias para uma gestão competitiva e aspectos jurídicos essenciais para inovação, sucesso, governança, holding, herdeiros. 2. Ed. São Paulo: IOB, 2010. p. 207-208.

Ainda tratando das vantagens da *holding*, Fernando Mauro Barrueco, Paulo Salvador Ribeiro Perrotti e Walter Lerner afirmam o quanto segue:

> Dentre as principais vantagens pela realização dessa operação, está a redução da carga tributária incidente sobre os rendimentos da pessoa física (IRPF) se feita com a intermediação da pessoa jurídica, tributada com base no lucro presumido. Assim, ante a notória redução da carga tributária da pessoa física, a diferença obtida pode retornar à pessoa física, sem qualquer tipo de tributação[161].

Desse modo, conclui-se que a *holding* patrimonial ou familiar é um desdobramento do contrato de doação, sendo também, portanto, um dos mais importantes instrumentos de planejamento tributário aplicados à sucessão hereditária.

7.4 Seguro de Vida

O seguro de vida é um instrumento de garantia pelo qual o segurado contrata uma indenização a ser paga a um determinado beneficiário no caso de sua morte, mediante o pagamento de um prêmio, mensal ou anual, no valor acordado com a seguradora.

Uma das vantagens desse instrumento é a inexistência de burocracia para liberação da indenização ao beneficiário, não sendo necessário aguardar o término do longo e custoso procedimento de inventário.

Em condições normais e dependendo da cobertura contratada, basta a apresentação da certidão de óbito do segurado pelo beneficiário para que a seguradora efetue o pagamento da indenização, no prazo de até 30 dias contados da entrega e validação da documentação.

Nesse sentido, Maria Berenice Dias afirma que:

> No entanto, por expressa disposição legal, herança e seguro de vida não se confundem (CC 794). Enquanto a herança é transmitida aos herdeiros do falecido, o seguro de vida está fora do âmbito do direito sucessório, ainda

---

[161] BARRUECO, Fernando Mauro; PERROTTI, Paulo Salvador Ribeiro; LERNER, Walter (Coord.). **Empresas familiares:** estratégias para uma gestão competitiva e aspectos jurídicos essenciais para inovação, sucesso, governança, holding, herdeiros. 2 Ed. São Paulo: IOB, 2010. p. 207.

que sua exigibilidade esteja condicionada à morte de quem o instituiu. [...] Já o valor pago pela seguradora ao favorecido recebe o nome de indenização. Este valor não responde pelas dívidas do falecido e não precisa sequer ser arrolado no inventário[162].

Ao contratar o seguro de vida, o segurado não precisa se atentar às regras de sucessão previstas na legislação civil, tendo a liberdade de nomear o(s) beneficiário(s) da forma que julgar mais adequada, podendo indicar um terceiro estranho à relação familiar ou até mesmo estipular um de seus herdeiros necessários, sem que para isso aquele tenha de levar o valor recebido à colação.

Na falta de indicação de um beneficiário ou se, por qualquer motivo, não prevalecer a que for feita, a seguradora deverá pagar metade do sinistro ao cônjuge não separado judicialmente e o restante aos herdeiros, obedecida a ordem de vocação hereditária. Na falta destes, os beneficiários serão aqueles que provarem que a morte do segurado os privou dos meios necessários à subsistência, conforme dispõem o artigo 792 e seu parágrafo único do Código Civil:

> Art. 792. Na falta de indicação da pessoa ou beneficiário, ou se por qualquer motivo não prevalecer a que for feita, o capital segurado será pago por metade ao cônjuge não separado judicialmente, e o restante aos herdeiros do segurado, obedecida a ordem da vocação hereditária.
>
> Parágrafo único – Na falta das pessoas indicadas neste artigo, serão beneficiários os que provarem que a morte do segurado os privou dos meios necessários à subsistência.

Em que pese o seguro de vida não ser propriamente um instrumento de planejamento sucessório, ele é muito utilizado como meio de proteção financeira, por gerar recursos rápidos ao(s) beneficiário(s), de modo a reduzir os impactos causados com o falecimento do segurado e contribuir com a manutenção do padrão de vida da família, o sustento da casa, os custos com o inventário, entre outras despesas básicas, até que seja finalizado o procedimento de inventário e partilha dos bens.

---

[162] DIAS, Maria Berenice. **Manual das sucessões.** 4 Ed. São Paulo: Revista dos Tribunais, 2016. p. 260-261.

7.4.1 Tributação Incidente

Em relação à tributação incidente no pagamento do sinistro pela seguradora, visando de certo modo ao planejamento sucessório, cumpre destacar o quanto segue.

De acordo com o disposto no artigo 794 do Código Civil, o valor a ser pago pela seguradora ao beneficiário, na eventualidade do sinistro, não é considerado herança e não está sujeito ao pagamento de eventuais dívidas deixadas pelo segurado:

> Art. 794. No seguro de vida ou de acidentes pessoais para o caso de morte, o capital estipulado não está sujeito às dívidas do segurado, nem se considera herança para todos os efeitos de direito.

O montante recebido da seguradora tem natureza indenizatória, sendo, portanto, isento do IR[163] e, por não ser considerado herança, não há que se falar em recolhimento do ITCMD.

Nesse sentido, é o posicionamento de Maria Berenice Dias: "Mesmo que os beneficiários sejam herdeiros do segurado, ainda assim o valor recebido não se transforma em herança. E, já que de herança não se trata, não se sujeita ao pagamento do ITCMD[164]".

No mesmo sentido entendem Carina G. D'Angelo e Sonia R. Izzo:

> O recebimento de capital estipulado em seguro de vida não constitui recebimento de bem em face de transmissão *causa mortis*. A tributação do ITCMD atinge apenas os bens e direitos que faziam parte do patrimônio do falecido. O capital estipulado em seguro de vida não é bem ou direito "deixado" pelo falecido, mas benefício garantido a terceiros que sequer precisam ser seus herdeiros[165].

---

[163] RIR/1999, art. 39: "Não entrarão no cômputo do rendimento bruto: [...]
XLIII – o capital das apólices de seguro ou pecúlio pago por morte do segurado, bem como os prêmios de seguro restituídos em qualquer caso, inclusive no de renúncia do contrato".
[164] DIAS, Maria Berenice. **Manual das sucessões**. 4 Ed. São Paulo: Revista dos Tribunais, 2016. p. 261.
[165] D'ANGELO, Carina G.; IZZO, Sonia R. **Guia prático do ITCMD em São Paulo**. São Paulo: IOB, 2009. p. 419.

Também é o entendimento da Fazenda Pública do Estado de São Paulo, conforme se verifica na resposta à Consulta formulada e destacada por Carina G. D'Angelo e Sonia R. Izzo:

> Seguro de Vida – **Não-incidência do imposto sobre valores recebidos a título de seguro de vida contratado em vida pelo *de cujus* e tendo por beneficiários seu cônjuge e filhos.**
> Resposta ao expediente 395/2004, de 24 de agosto de 2004.
> 1. A Consulente informa que é inventariante nos autos do Processo de Inventário de seu falecido marido, informando, ainda, ter ele deixado uma apólice de seguro de vida, cujo valor foi recebido em 16 de abril de 2003, dividido, conforme relata, na proporção de 33,33% para a interessada e para cada um de seus filhos.
> 2. Expressa dúvida quanto à incidência do ITCMD sobre os "valores recebidos de seguro de vida", tendo em vista "o silêncio da Lei nº 10.705 no seu artigo 3º, incisos I, II e III, bem como em suas alterações", solicitando orientação, no caso de haver incidência, "de como proceder ao recolhimento do mesmo, bem como o valor, se houver, a ser recolhido".
> 3. Com relação à incidência do imposto, assim prevê o artigo 2º da Lei nº 10.705/2000, que "dispõe sobre a instituição do Imposto sobre Transmissão *Causa Mortis* e Doação de Quaisquer Bens ou Direitos – ITCMD".
> [...]
> 4. Por outro lado, o Novo Código Civil (Lei nº 10.406, de 10 de janeiro de 2002), que disciplina o "Direito das Sucessões" no Livro V da sua Parte Especial, tratando especificamente nos Títulos II e III da "Sucessão Legítima" e da "Sucessão Testamentária", respectivamente, trata do Contrato de Seguro no Livro I da Parte Especial, Capítulo XV do Título VI ("Das Várias Espécies de Contrato"), dispondo em seu artigo 794 (Seção III – "Do seguro de pessoa") que "no seguro de vida ou de acidentes pessoais para o caso de morte, o capital estipulado não está sujeito às dívidas do segurado, nem se considera herança para todos os efeitos de direito".
> 5. Ora, a transmissão de bens e direitos por sucessão, prevista no artigo 2º, I, da Lei nº 10.705/2000 como hipótese de incidência do ITCMD, se concretiza justamente com a transmissão da herança.
> 6. Logo, **tendo em vista que o "capital estipulado" no seguro de vida, que corresponde ao valor a ser pago ao beneficiário pelo segurador em caso de sinistro, não se considera herança,** conforme disposto no artigo

794 do Novo Código Civil, acima transcrito, **o recebimento de valores a título de seguro de vida não se constitui em hipótese de incidência do imposto,** o que responde à pergunta formulada. José Leônidas Barbosa Pereira, Consultor Tributário. De acordo. Elaise Ellen Leopoldi, Consultora Tributária Chefe – 3ª ACT. Guilherme Alvarenga Pacheco, Direito Adjunto da Consultoria Tributária[166].

Diferentemente ocorre com o Seguro de Vida com Cláusula de Cobertura por Sobrevivência, conhecido como Seguro de Vida Resgatável, onde o Segurado tem a opção de resgatar em vida os valores pagos pela apólice contratada.

Nessa situação há incidência do Imposto de Renda Retido na Fonte à alíquota de 15%, como antecipação do devido na Declaração de Ajuste Anual, sobre a diferença positiva entre o valor resgatado e o somatório dos respectivos prêmios pagos, conforme disciplina a Instrução Normativa nº 588, de 21 de dezembro de 2005[167].

Desse modo, o seguro de vida pode ser utilizado como planejamento tributário aplicado à sucessão hereditária, visto que o(s) beneficiário(s) não estará(ão) sujeito(s) a incidência do ITCMD e do IR sobre o valor recebido a título de sinistro.

Todavia, esse instrumento não permite que o titular do patrimônio organize e estipule acerca da divisão dos bens adquiridos no decorrer da vida, servindo apenas como forma de proteção patrimonial/financeira do(s) beneficiário(s) por um determinado período de tempo.

---

[166] D'Angelo, Carina G.; Izzo, Sonia R. **Guia prático do ITCMD em São Paulo.** São Paulo: IOB, 2009. p. 202-203. (Grifo nosso).
[167] Art. 12. A partir de 1º de janeiro de 2005, os resgates, parciais ou totais, de recursos acumulados nos planos de benefícios de caráter previdenciário, de seguro de vida com cláusula de cobertura por sobrevivência e Fapi, sujeitam-se à incidência de imposto de renda na fonte à alíquota de 15% (quinze por cento), como antecipação do devido na Declaração de Ajuste Anual da pessoa física, calculado sobre:
[...]
II – os rendimentos, representado pela diferença positiva entre o valor recebido e o somatório dos prêmios pagos, no caso de seguro de vida com cláusula de cobertura por sobrevivência.

7.5 Conta Conjunta

A conta conjunta é um tipo de conta bancária que tem duas ou mais pessoas como titulares, independentemente do grau de parentesco e relação, podendo qualquer um dos titulares administrar, realizar pagamentos e movimentar a conta.

Em que pese ser admitida no sistema bancário brasileiro, não conta com previsão legal no ordenamento pátrio. Todavia, nos casos de eventuais litígios, aplicam-se as regras do condomínio, previstas nos artigos 1.314 e seguintes do Código Civil.

Sobre o assunto, Maria Berenice Dias afirma que:

> As contas correntes com a indicação de duas ou mais pessoas como titulares – e que se identifica pela expressão "e/ou" – ensejam questionamentos sobre sua titularidade. Existe um crédito com dois titulares, possibilidade admitida no sistema bancário, mas que não mereceu ainda a devida normatização legal. Cada um dos correntistas, isoladamente, exercita a totalidade dos direitos, obrigando-se a instituição bancária a receber depósitos e efetuar pagamentos determinados por ordem de qualquer deles. Há, portanto, cotitularidade ou comunhão do dinheiro. Cabe, assim, serem aplicadas as regras do condomínio, que remetem à partilha da herança (CC 1.321)[168].

A conta conjunta do tipo solidária, onde todos os titulares podem movimentar a conta independentemente de autorização dos demais cotitulares, é considerada instrumento de planejamento sucessório, por permitir que, no caso de morte de um dos titulares, os demais consigam movimentar livremente a conta.

Todavia, os titulares sobreviventes não podem dispor de todos os recursos da conta, ou seja, eles devem respeitar a porcentagem que lhes cabe e prestar conta no processo de inventário em relação à parte que cabe ao *de cujus*.

Os valores depositados na conta conjunta devem ser divididos igualmente entre os titulares, ou seja, em uma conta conjunta com dois titulares, por exemplo, cada um é dono de 50% dos recursos.

---

[168] DIAS, Maria Berenice. **Manual das sucessões**. 4 Ed. São Paulo: Revista dos Tribunais, 2016. p. 259.

Observa-se o que afirma Maria Berenice Dias:

Quando da dissolução da entidade familiar pelo divórcio, fim da união estável ou morte, já se encontra pacificado, em sede jurisprudencial, que **o saldo da conta conjunta existente à data do fim da vida em comum pertence a ambos, o que impõe sua divisão igualitária, independentemente de quem procedeu aos depósitos de numerário**. A cotitularidade gera estado de condomínio, pertencendo a metade do saldo a cada correntista[169].

Nesse sentido foi a decisão do Tribunal de Justiça do Estado de São Paulo:

INVENTÁRIO – Conta conjunta em nome do falecido e de sua viúva – Bloqueio de todas as contas bancárias – Reconsideração para desbloquear conta conjunta da viúva com o *de cujus* – Pretensão da inventariante de que seja novamente bloqueada – **Tratando-se de conta conjunta entre o falecido e a companheira, razoável o bloqueio de apenas 50% dos valores** – Viúva que possui necessidades corriqueiras do dia a dia – Recurso parcialmente provido para o fim de determinar o bloqueio da metade do numerário depositado na conta bancária, agência 9241, conta nº 0445-3, do Banco Itaú S/A. (Tribunal de Justiça do Estado de São Paulo. Agravo de Instrumento nº 2019677-31.2013.8.26.000. Anna Paula Barbosa Veiga Gomes e Dirce Barbosa Gomes e outros. Relator João Carlos Saletti. São Paulo, 29 abr. 2014)

Destaca-se que apenas o montante pertencente ao *de cujus* é que precisará ser inventariado e, consequentemente, atribuído aos herdeiros do falecido. Já o saldo pertencente aos demais titulares não deve entrar no inventário e tampouco necessita de autorização ou expedição de alvará para ser movimentado.

Veja o entendimento de Maria Berenice Dias:

De qualquer modo, se o crédito pertence a ambos os titulares, os valores ou débitos existentes quando da abertura da sucessão necessitam ser partilhados entre os correntistas, integrando o acervo sucessório do falecido a

---

[169] DIAS, Maria Berenice. **Manual das sucessões**. 4 Ed. São Paulo: Revista dos Tribunais, 2016. p. 259-260. (Grifo nosso)

metade do saldo, quer positivo, quer negativo. **A parte correspondente ao crédito do correntista sobrevivente não depende de inventário e não é sequer necessária expedição de alvará, quer o inventário seja judicial ou extrajudicial**[170].

No mesmo sentido se posicionam Euclides Barreto Oliveira e Sebastião Amorim: "Também não se sujeitam a inventário e partilha: [...] parte das contas conjuntas que os Bancos abrem para duas ou mais pessoas, podendo qualquer delas fazer o saque da sua cota condominial[171]".

Nesse sentido, inclusive, é o entendimento da decisão colacionada abaixo do Supremo Tribunal de Justiça:

> RECURSO ESPECIAL PROCESSUAL CIVIL E CIVIL. DIREITO DAS SUCESSÕES. OFENSA AO DIREITO LOCAL. SÚMULA 280/STF. VIOLAÇÃO DO ART. 535 DO CPC. OMISSÃO E CONTRADIÇÃO INEXISTENTES. REVISÃO DE MATÉRIA FÁTICA. IMPOSSIBILIDADE. INCIDÊNCIA DA SÚMULA Nº 7/STJ. AUSÊNCIA DE PREQUESTIONAMENTO. SÚMULA Nº 282 DO STF. INVENTÁRIO. OFENSA AO ART. 1.791 DO CC. NÃO OCORRÊNCIA. CONTA CONJUNTA DE TITULARIDADE DO CÔNJUGE SUPÉRSTITE E DO *DE CUJUS*. **PRESUNÇÃO DE QUE CADA TITULAR DETÉM METADE DO VALOR DEPOSITADO.** OFENSA AO ART. 525, II, DO CPC. PEÇAS NECESSÁRIAS PARA COMPREENSÃO DA CONTROVÉRSIA. OPORTUNIDADE PARA REGULARIZAÇÃO DO INSTRUMENTO. NECESSIDADE. RECURSO ESPECIAL CONHECIDO EM PARTE E PARCIALMENTE PROVIDO.
> [...]
> 5. Nos depósitos bancários com dois ou mais titulares, cada um dos correntistas, isoladamente, exercita a totalidade dos direitos na movimentação da conta-corrente. **No advento da morte de um dos titulares, no silêncio ou omissão sobre a quem pertenciam as quantias depositadas, presume-se que o numerário seja de titularidade dos correntistas em iguais quinhões.** A cotitularidade gera estado de condomínio e como tal, a cada correntista pertence a metade do saldo (art. 639 do CC). (Superior Tribunal

---

[170] DIAS, Maria Berenice. **Manual das sucessões**. 4 Ed. São Paulo: Revista dos Tribunais, 2016. p. 260. (Grifo nosso)

[171] OLIVEIRA, Euclides Barreto; AMORIM, Sebastião. **Inventário e partilha**. Direito das sucessões – teoria e prática. São Paulo: Universitária de Direito, 2008. p. 260.

de Justiça. Recurso Especial nº 1.511.976 – MG. Alexandre Augusto Ramos Ferreira; Maria Helena Ramos Magalhães Ferreira e Ana Amelia Menna Barreto de Castro Ferreira e outros. Relator Ministro Moura Ribeiro. Brasília, 28 abr. 2015; destaque nosso).

Diante dessas considerações, conclui-se que a utilização da conta conjunta no planejamento sucessório é controversa, pois esse instrumento apenas adiciona aos cotitulares uma flexibilidade de gestão e movimentação da parte que lhes cabe na conta quando da morte de um dos titulares.

7.5.1 Tributação Incidente

Conforme visto alhures, o recurso depositado na conta conjunta é de propriedade condominial dos titulares, ou seja, cada titular é proprietário de parcelas equivalentes.

Por essa razão, no caso do evento morte de um dos titulares, a parte relativa ao *de cujus* deverá ser arrolada no procedimento de inventário e, portanto, estará sujeita ao pagamento do ITCMD, já analisado neste trabalho.

Cabe citar o seguinte entendimento do Tribunal de Justiça do Estado de São Paulo. Veja-se:

> APELAÇÃO – ANULATÓRIA DE DÉBITO FISCAL – FALECIMENTO DA MÃE, COTITULAR DE CONTA CONJUNTA BANCÁRIA COM A FILHA – PRETENSÃO DO AFASTAMENTO DA INCIDÊNCIA DO ITCMD NA TRANSFERÊNCIA DO VALOR – POSSIBILIDADE SOBRE A METADE DO MONTANTE DEPOSITADO. Matéria preliminar não apreciada porque não é de ordem pública e não foi suscitada no decorrer do processo. No mérito, o saldo da conta conjunta de investimentos decorre de esforço comum dos cotitulares. Falecimento da mãe da autora, cotitular da conta. **É devido o recolhimento do ITCMD sobre metade do saldo, correspondente a parte recebida pela autora a título de herança.** Aplicação dos artigos 2º, I e 3º, II, da Lei Estadual nº 10.705/00. Incidência do imposto em razão da morte da cotitular (sua mãe), momento em que foi aberta a sucessão e operada a transmissão do patrimônio, nos termos do artigo 1.784 do CC – princípio da *"saisine"*. Sentença parcialmente reformada, para declarar a sucumbência recíproca das partes. Recursos de apelação desprovidos

e provido em parte o reexame necessário. (Tribunal de Justiça do Estado de São Paulo. Apelação nº 1020794-21.2014.8.26.0071. Fazenda do Estado de São Paulo e Maria Monica Medola Damine. Relator Des. Marcelo Semer. São Paulo, 19 out. 2015; destaque nosso)

> AGRAVO DE INSTRUMENTO. EXECUÇÃO FISCAL. ITCMD. OBJEÇÃO DE PRÉ-EXECUTIVIDADE. REJEIÇÃO. QUESTÃO PERTINENTE À EXISTÊNCIA DE HIPÓTESE DE INCIDÊNCIA. MATÉRIA JURÍDICA. ALEGAÇÃO DE QUE O ATIVO FINANCEIRO QUE SERVIRIA DE BASE PARA O ITCMD ESTAVA DEPOSITADO EM CONTA CONJUNTA E DE QUE O FALECIMENTO DE UM DOS COTITULARES NÃO ENSEJA TRANSMISSÃO DE PATRIMÔNIO AO OUTRO COTITULAR. DESCABIMENTO. NUMERÁRIO DE TITULARIDADE DE AMBOS OS CÔNJUGES. MORTE DO VARÃO. HERDEIROS. PRESERVAÇÃO DA MEAÇÃO. METADE DO SALDO QUE DEVE COMPOR O ESPÓLIO. TRANSMISSÃO *CAUSA MORTIS* DA METADE. INCIDÊNCIA DO TRIBUTO SOBRE ESTA PARTE. INCIDÊNCIA DO ART. 155, INCISO I, DA CONSTITUIÇÃO FEDERAL. PEDIDO SUBSIDIÁRIO ACOLHIDO. OBJEÇÃO DE PRÉ-EXECUTIVIDADE ACOLHIDA PARCIALMENTE. RECURSO PARCIALMENTE PROVIDO. (Tribunal de Justiça do Estado de São Paulo. Agravo de Instrumento nº 0277398-59.2011.8.26.0000. Giuseppina Maria Yela e Fazenda do Estado de São Paulo. Relator Des. Amorim Cantuária. São Paulo, 24 set. 2013)

No corpo do Agravo de Instrumento nº 0277398-59.2011.8.26.0000, citado acima, o Relator Desembargador Amorim Cantuária destacou o seguinte:

> A conta conjunta é por definição uma conta solidária. Assim como pode ser livremente movimentada por qualquer de seus titulares, sem limite de valor, o numerário nela depositado pode ser integralmente resgatado individualmente, também, por qualquer dos titulares.
> Mas, essa movimentação quando da ocorrência do evento morte não é absoluta. Presume-se, que havendo herdeiros, deve ser respeitada pelo menos a meação do outro correntista. Por isso presume-se que metade do saldo existente deva integrar o monte a ser partilhado.
> [...]

Ora, se na hipótese restou devidamente tipificada a transmissão *causa mortis* de metade da quantia existente na conta-corrente conjunta da qual a agravante e o *de cujus* eram titulares, a conclusão que chego é de que a movimentação da metade do saldo existente na conta-corrente pela agravante não entra no cálculo do ITCMD; (destaque nosso)

Resta claro, portanto, que a conta conjunta não facilita o processo de transmissão de bens, não exclui a necessidade do processo de inventário e não apresenta nenhum benefício econômico e tributário.

Pode-se até mesmo afirmar que a única vantagem desse instrumento, na sucessão, é o fato de adicionar aos cotitulares uma "flexibilização" na movimentação da conta após a morte de um dos titulares. Todavia, os cotitulares deverão prestar conta no procedimento de inventário, caso utilizem o patrimônio do *de cujus* disponível na conta conjunta.

Tendo em vista todo o exposto, conclui-se que a conta conjunta não deve ser considerada um eficaz instrumento de planejamento sucessório, tampouco deve ser tida como instrumento de planejamento tributário aplicado à sucessão hereditária.

7.6 Planos de Previdência Privada

Inicialmente, destaca-se que a previdência privada tem como ideia central complementar a Previdência Social, conforme afirma Patrícia Bressan Linhares Gaudenzi:

> Atualmente, a previdência complementar figura como elemento fundamental do sistema previdenciário brasileiro, notadamente pela indiscutível importância de se propiciar meios para que os cidadãos permaneçam economicamente ativos mesmo com a chegada da fase de inatividade profissional (total ou parcial) e em vista do conhecido desequilíbrio atual e financeiro da previdência geral oficial[172].

Os planos disponíveis de previdência privada são regulados pela Superintendência de Seguros Privados – Susep e utilizados por pessoas

---

[172] GAUDENZI, Patrícia Bressan Linhares. **Tributação dos investimentos em previdência complementar privada.** Fundos de Pensão, PGBL, VGBL, FAPI e outros. São Paulo: Quartier Latin, 2008. p. 20.

que visam complementar a aposentadoria, planejar o futuro financeiro dos filhos e até mesmo por quem visa planejar em vida a sucessão.

De acordo com a estatística realizada pela Federação Nacional de Previdência Privada e Vida – FenaPrevi, em novembro de 2016, foram contabilizadas quase 13 milhões de pessoas com planos de previdência privada contratados[173].

O Plano Gerador de Benefícios Livres – PGBL e o Vida Gerador de Benefícios Livres – VGBL são os planos mais conhecidos e utilizados. Em tese, possuem as mesmas características; o que os diferencia, conforme restará demonstrado, é a forma de tributação do Imposto de Renda.

Muito semelhante ao que ocorre no seguro de vida estudado no subcapítulo 7.4 deste trabalho, os planos de previdência privada permitem que o titular eleja qualquer pessoa como beneficiária do plano, independentemente da existência ou não de herdeiros necessários, conforme afirma Maria Berenice Dias:

> **Esses planos viraram modalidade de planejamento sucessório, uma vez que é possível eleger qualquer pessoa como beneficiária. Nem mesmo a existência de herdeiros necessários limita a liberdade do titular para que o benefício seja transferido aos beneficiários, sem haver a necessidade de aguardar o decurso do inventário**[174].

O plano de previdência privada pode ser extremamente útil nos casos de eventuais imprevistos, pois permite o resgate em vida, desde que seja respeitado o prazo de carência.

Conclui-se, portanto, que os planos de previdência privada podem ser utilizados como instrumento de planejamento sucessório, pois, no caso do evento morte, a aplicação é transferida imediatamente ao(s) beneficiário(s) escolhido(s) livremente pelo titular do plano.

Por não entrar no inventário, o PGBL e o VGBL garantem ao(s) beneficiário(s) do plano rápido acesso a uma quantia suficiente de recurso, que pode ser utilizada para subsidiar as despesas básicas até que seja encerrado o processo de inventário e partilha dos bens.

---

[173] FENAPREVI. **Estatísticas:** dados estatísticos do segmento de pessoas. Disponível em: <http://cnseg.org.br/fenaprevi/estatisticas/> Acesso em 10 jun. 2017.
[174] DIAS, Maria Berenice. **Manual das sucessões**. 4 Ed. São Paulo: Revista dos Tribunais, 2016. p. 262. (Grifo nosso)

7.6.1 Tributação Incidente

Ao optar por contratar um plano de previdência privada com foco no planejamento sucessório, o titular do patrimônio deve se atentar às condições e aos benefícios oferecidos pelas seguradoras, principalmente em relação à tributação e às taxas cobradas pela instituição financeira.

Dependendo do plano escolhido, pode haver cobrança de taxa de administração sobre o patrimônio do fundo e taxa de carregamento incidente sobre cada aporte realizado, o que muitas vezes faz com que o titular ou beneficiário do plano deixe na administradora o que evitou pagar ao governo.

A tributação envolvida na transferência *causa mortis* do rendimento ao(s) beneficiário(s) do plano também deve ser avaliada com extrema cautela. Por tal razão e para melhor compreensão do assunto, serão analisados em separado os impostos incidentes nessa operação.

7.6.1.1 *Imposto de Renda*

Em regra, o valor recebido a título de previdência privada está sujeito à tributação do imposto de renda na fonte.

Todavia, o PGBL e o VGBL têm sistemática diferenciada de tributação, conforme será analisado a seguir.

A principal diferença entre eles é que o PGBL permite a dedução do montante aplicado, desde que não ultrapasse o limite de até 12% da renda bruta tributável anual. Por isso, é mais indicado para contribuintes que realizam a declaração completa do Imposto de Renda.

Já o VGBL não permite a dedução do valor aplicado, sendo a melhor opção para aquelas pessoas que são assalariadas ou que têm uma renda relativamente baixa e optam pela declaração simplificada do Imposto de Renda.

Por não permitir a dedução do valor aplicado, no momento do resgate do VGBL, o Imposto de Renda incidirá apenas sobre o rendimento. Já no resgate do PGBL, o Imposto de Renda incidirá sobre o valor total resgatado, ou seja, sobre o rendimento mais o principal.

Nesse sentido, afirma Patrícia Bressan Linhares Gaudenzi:

> Conforme será descrito adiante, os planos VGBL, VAGP e VRGP diferenciam-se dos antes mencionados (PGBL, PAGB e PRGP), basicamente, pelo fato de as contribuições a eles destinadas não serem passíveis de dedução

na apuração do imposto de renda devido pela pessoa física (segurada) e, em contrapartida, quando do recebimento dos valores pagos pela entidade de previdência privada, o imposto incidir apenas sobre a parcela do rendimento proporcionado durante o período de investimento[175].

Ao contratar o PGBL ou o VGBL, o titular do patrimônio terá de optar entre duas formas de tributação do Imposto de Renda, quais sejam, o regime de alíquotas regressivas ou o regime de alíquotas progressivas.

Em relação ao prazo de opção pelo regime de alíquotas regressivas ou o regime de alíquotas progressivas, Patrícia Bressan Linhares Gaudenzi afirma que:

> A escolha deve ser feita até o último dia útil do mês subsequente ao do ingresso do participante no plano de benefícios e vale para todos os benefícios e resgates pagos no âmbito do plano de previdência privada, ainda que os benefícios previdenciários sejam pagos a beneficiários outros que não o próprio participante (se este vier a falecer, por exemplo)[176].

A opção pelo regime regressivo é a mais indicada nos casos em que o titular busca um investimento de longo prazo. Somente após o oitavo ano é que a alíquota do Imposto de Renda começa a ser atrativa, tornando-se realmente vantajosa apenas após o décimo ano de aplicação.

Observam-se na tabela a seguir as alíquotas devidas de Imposto de Renda no regime regressivo:

PRAZO DE ACUMULAÇÃO	ALÍQUOTA
Igual ou inferior a 2 anos	35%
Superior a 2 anos e igual ou inferior a 4 anos	30%
Superior a 4 anos e igual ou inferior a 6 anos	25%
Superior a 6 anos e igual ou inferior a 8 anos	20%
Superior a 8 anos e igual ou inferior a 10 anos	15%
Superior a 10 anos	10%

---

[175] GAUDENZI, Patrícia Bressan Linhares. Tributação dos investimentos em previdência complementar privada. Fundos de Pensão, PGBL, VGBL, FAPI e outros. São Paulo: Quartier Latin, 2008. p. 83.

[176] GAUDENZI, Patrícia Bressan Linhares. **Tributação dos investimentos em previdência complementar privada**. Fundos de Pensão, PGBL, VGBL, FAPI e outros. São Paulo: Quartier Latin, 2008. p. 195.

Patrícia Bressan Linhares Gaudenzi, ao tratar do Regime Regressivo de Tributação, diz que:

> Trata-se de uma sistemática que busca privilegiar aqueles que constroem a poupança previdenciária em médio ou longo prazo, afastando uma possível utilização do plano de previdência privada como instrumento de investimento meramente financeiro[177].

Considerando que podem ocorrer imprevistos logo após a contratação do plano e a opção pelo regime regressivo de alíquota, como o falecimento do titular, a legislação prevê que a alíquota devida será de apenas 25% caso a acumulação do plano seja igual ou inferior a 6 anos, conforme dispõe o artigo 95 da Lei nº 11.196, de 21 de novembro de 2005:

> Art. 95. Na hipótese de pagamento de benefício não programado oferecido em planos de benefícios de caráter previdenciário, estruturados nas modalidades de contribuição definida ou contribuição variável, após a opção do participante pelo regime de tributação de que trata o art. 1º da Lei nº 11.052, de 29 de dezembro de 2004, incidirá imposto de renda à alíquota:
> I – de 25% (vinte e cinco por cento), quando o prazo de acumulação for inferior ou igual a 6 (seis) anos.
> [...]

Já o regime de alíquotas progressivas é vantajoso para investimentos de valores menores ou para aquelas pessoas que não pretendem resgatar a aplicação em uma única parcela e optam por receber rendas mensais.

Conforme a tabela a seguir, as alíquotas do Imposto de Renda aumentam de acordo com a quantia investida no plano e o valor correspondente do resgate:

Base de Cálculo Mensal (R$)	Alíquota (%)
Até 1.903,98	-
De 1.903,99 até 2.826,65	7,5

---

[177] GAUDENZI, Patrícia Bressan Linhares. **Tributação dos investimentos em previdência complementar privada.** Fundos de Pensão, PGBL, VGBL, FAPI e outros. São Paulo: Quartier Latin, 2008. p. 206.

Base de Cálculo Mensal (R$)	Alíquota (%)
De 2.826,66 até 3.751,05	15
De 3,751,06 até 4.664,68	22,5
Acima de 4.664,68	27,5

FONTE: Disponível em: <http://idg.receita.fazenda.gov.br/acesso-rapido/tributos/irpf-imposto-de--renda-pessoa-fisica#tabelas-de-incid-ncia-mensal> Acesso em: 14 jun. 2017.

Observa-se, portanto, que, pelo menos em relação ao Imposto de Renda, a opção pela contratação de um plano de previdência privada em nada auxilia no planejamento tributário aplicado à sucessão hereditária.

7.6.1.2 ITCMD

A incidência ou não do ITCMD na transferência do rendimento ao beneficiário do plano é tema bastante controverso, pois não existe um consenso na doutrina nem na jurisprudência brasileira, de modo que cada Estado da Federação adota o entendimento que melhor lhe convier.

Quem defende que não deve incidir o ITCMD sobre o rendimento do plano recebido pelo(s) beneficiário(s), em decorrência da morte do titular, sustenta que o plano de previdência tem característica de seguro e, conforme dispõe o Código Civil[178], o valor recebido a título de seguro não é considerado herança. Por essa razão, não há que se falar no ITCMD.

Nesse sentido é o entendimento de Euclides Barreto de Oliveira e Sebastião Amorim:

> O capital do seguro de vida não pertence ao espólio, pois não faz parte do patrimônio constitutivo da herança. Cuida-se de benefício de *jure* próprio, como autêntica estipulação em favor de terceiro (arts. 436 e 790 a 794 do CC) [...] Atendem ao mesmo critério de atribuição legal as aplicações em fundos de previdência privadas, por terem natureza securitária, destinando--se à aposentadoria complementar do aplicador. Os investimentos em VGBL (Vida Gerador de Benefício Livre) e similares podem ter a mesma

---

[178] Código Civil, art. 794: "No seguro de vida ou de acidentes pessoais para o caso de morte, o capital estipulado não está sujeito às dívidas do segurado, nem se considera herança para todos os efeitos de direito".

destinação, salvo se constituírem desvios fraudulentos de outras aplicações financeiras, em detrimento de herdeiros[179].

Inclusive, este é o entendimento da jurisprudência do Estado de São Paulo; veja-se:

INVENTÁRIO. COLAÇÃO. Decisão que determinou que a inventariante apresente novo plano de partilha a fim de colacionar valores referentes à aplicação financeira em que foi instituída como beneficiária pelo *de cujus*. Plano de previdência privada. VGBL. Dispensa da Colação.
1. **As aplicações em fundos de previdência privada têm natureza securitária e, portanto, não fazem parte do patrimônio do *de cujus*, não integrando o patrimônio do espólio.**
2. Os planos de previdência privada, por analogia, podem assumir a natureza de seguro de vida, de forma que a eles seja aplicado o artigo 794 do Código Civil, segundo o qual "No seguro de vida ou de acidentes pessoais para o caso de morte, o capital estipulado não está sujeito às dívidas do segurado, nem se considera herança para todos os efeitos de direito".
3. No caso dos autos, restou comprovado que a inventariante foi instituída como única beneficiária do plano de previdência contratado pela falecida, de modo que não há motivo para determinar a colação dos valores por ela recebidos, tampouco há que se falar em adiantamento de legítima.
4. Decisão reformada. Recurso provido. (Tribunal de Justiça do Estado de São Paulo. Agravo de Instrumento nº 2223036-68.2014.8.26.0000. Eliana Lawanda e Antonio Elian Lawand; Geny Nahas Lawand. Relator Carlos Alberto Garbi. São Paulo, 17 mar. 2015; destaque nosso)

TRIBUTÁRIO – ITCMD – Anulatória – Valor referente à meação já quitado no arrolamento de bens – **Isenção de ITCMD sobre valores investidos por meio de contratos de previdência privada** – Admissibilidade – Interpretação do art. 6º, I, "e", da Lei nº 10.705/00 – Sentença de procedência mantida – Recurso não provido. (Tribunal de Justiça do Estado de São Paulo. Apelação nº 1009440-87.2013.8.26.0053. Fazenda do Estado de São Paulo e Maria Hoeschl Marques Themudolessa. Relator Marrey Uint, 10 mar. 2015; destaque nosso)

---

[179] OLIVEIRA, Euclides Barreto; AMORIM, Sebastião. **Inventário e partilha.** Direito das sucessões – teoria e prática. São Paulo: Universitária de Direito, 2008. p. 459-460.

Merece destaque o quanto afirmado pelo Relator Marrey Uint, no voto do julgamento da Apelação nº 1009440-87.2013.8.26.0053, citado acima:

> Os planos de previdência complementar regidos por entidades abertas são organizados de forma autônoma em relação ao regime geral de previdência social, possuindo a mesma natureza dos seguros de vida, tanto é que a própria lei que os regula (Lei Complementar nº 109/2001) estabelece que "as entidades abertas serão reguladas também, no que couber, pela legislação aplicável às sociedades seguradoras".
>
> [...]
>
> **Os planos de previdência VGBL são transmitidos diretamente aos beneficiários em caso de morte do titular, sem necessidade de inventário, e, portanto, do pagamento do ITCMD.**
>
> **O resgate será atribuído diretamente aos beneficiários, sem a sujeição ao ITCMD, mas sim ao imposto de renda, de acordo com a previsão do artigo 153, V, da Constituição Federal, ficando sob responsabilidade da fonte pagadora a tributação e pagamento.** (destaque nosso)

Todavia, há quem defenda que deve incidir o imposto de transmissão *causa mortis* sobre o rendimento do plano recebido pelo(s) beneficiário(s).

Os defensores dessa teoria sustentam que o plano de previdência privada é um tipo de aplicação financeira e, diferentemente do seguro de vida, pode ser resgatado a qualquer momento, desde que seja respeitado o período de carência.

Esse entendimento é adotado por alguns Estados da Federação, como Minas Gerais, Paraná, Rio de Janeiro, Rio Grande do Sul, Goiás, Tocantins, Alagoas, Pernambuco e Pará.

Nesse sentido, merece destaque o Parecer da Procuradoria Geral do Estado do Paraná elaborado pela Procuradora Fabiana Yamaoka Frare:

> [...]
>
> Desse modo, **pela perspectiva do resgate em vida pelo Participante, vislumbra-se a nítida característica patrimonial do contrato de previdência privada. Em outras palavras, se em vida o beneficiário pode resgatar os valores aportados, ou melhor, investidos, urge destacar que se configura herança transmitida aos herdeiros/dependentes no momento de

abertura da sucessão. Logo, a obrigação do Banco já existe, com a possibilidade de resgate dos valores investidos.

No entanto, o seguro de vida já é firmado para que a importância segurada (geralmente estabelecida em valor fixo) seja destinada diretamente aos beneficiários, por exemplo, aos dependentes, informados pelo estipulante/segurado.

[...]

Por todo o exposto, opina-se pela cobrança de ITCMD sobre os saldos resgatados pelos herdeiros, por meio de planos de PGBL e VGBL, haja vista serem contrato de investimentos, (exceto os valores referentes à eventual contratação de pecúlio – benefício complementar) os quais constituem, outrossim, patrimônio deixado pelo *de cujus*, com fundamento no artigo 1º, inciso I, da Lei Estadual nº 8.927/88). (Consulta acerca da incidência de ITCMD em valores investidos por meio de contratos de previdência privada – Natureza Jurídica de Investimento – Possibilidade de RESGATE – Valores aplicados e restituíveis ao investidor ou beneficiários (herdeiros) em caso de falecimento. Disponível em: <http://www.pge.pr.gov.br/arquivos/File/Revista_PGE_2011/Pareceres_Consulta_acerca_da_incidencia.pdf>. p. 159, 165 e 166. Acesso em: 10 jun. 2017; destaque nosso).

Por todo o exposto, é cediço que, dependendo do Estado da Federação em que o titular do patrimônio resida, a contratação do plano de previdência privada pode ser utilizada como instrumento de planejamento tributário aplicado à sucessão hereditária.

Todavia, considerando a incansável busca dos Estados brasileiros e Distrito Federal pelo aumento da arrecadação, apostando, inclusive, no imposto de transmissão *causa mortis* e doação, seja por meio de aumento da alíquota, seja por meio de fiscalização mais rígida, é possível que todos ou a maioria dos Estados da Federação passem a tributar a transmissão *causa mortis* dos valores recebidos pelo beneficiário a título de previdência privada.

7.7 *Trusts*

Originado do sistema jurídico da *common law* da Inglaterra, o instituto denominado *trust* não encontra respaldo na legislação dos países que adotam o sistema *civil law*, como é o caso do Brasil.

Por essa razão e conforme restará demonstrado, o conceito jurídico e a aplicação prática do *trust* no Brasil são permeados de dúvidas, principalmente em relação a quem é o dono do dinheiro aplicado nesse instituto e quem é o beneficiário final.

Em síntese, o *trust* é constituído de forma unilateral. O instituidor, pessoa física ou jurídica, denominado *settlor*, transfere parte ou a totalidade do seu patrimônio para a administração do *trustee* (administrador), em favor próprio ou de beneficiário(s) específico(s). O instituto brasileiro que se assemelha ao *trust* é o contrato fiduciário.

Os envolvidos nessa relação contratual devem observar as regras e demais peculiaridades da legislação do país em que o *trust* for instituído e as normas definidas no contrato de constituição.

Francisco Rezek, ex-ministro do Supremo Tribunal Federal, explica esse instrumento da seguinte forma:

> A relação característica do *trust* tem três personagens: o *settlor* ou instituidor, o *trustee*, que recebe daquele o patrimônio, e o *beneficiary* ou beneficiário final do patrimônio. O *settlor* ou instituidor dá ao *trustee* as diretrizes de administração e utilização do patrimônio, cuja propriedade ele então transfere ao *trustee*. Este pode ser pessoa natural ou coletiva (muitas vezes uma casa bancária ou empresa congênere) e, após a transferência, passa a ser titular da propriedade do patrimônio, devendo, a seu critério, administrá-lo e torná-lo produtivo, mas sempre em benefício das pessoas ou propósitos indicados pelo *settlor*. O *beneficiary* ou beneficiário, por sua vez, é pessoa natural ou coletiva, causa ou propósito específico, indicado vestibularmente pelo *settlor*. Não se exige nenhuma espécie de manifestação de concordância da parte do beneficiário – que, fato singular, pode até mesmo não ter consciência dessa sua condição. É normal, entretanto, que a tenha, sobretudo quando vinculado ao instituidor por laços de família. Não é raro que o próprio instituidor encabece o rol dos beneficiários, ou nele figure adiante. Tudo quanto a doutrina ainda controverte é a questão de saber se o *settlor* pode ser ele próprio o beneficiário único do *trust*[180].

---

[180] REZEK, Francisco. **Parecer prévio sobre o instituto jurídico estrangeiro conhecido como trust:** suas características, sua exata natureza jurídica, as modalidades variantes do negócio e sua possível coexistência com a ordem jurídica brasileira, que até hoje não o dis-

Ao constituir e transferir o patrimônio para o *trust*, o *settlor* transfere a propriedade para o *trustee* (administrador), que passa a ser o proprietário legítimo dos bens transferidos. Todavia, esse patrimônio constitui uma massa patrimonial que não integra o patrimônio comum do *trustee*, denominado de patrimônio de afetação.

De acordo com Francisco Rezek, "o que temos neste caso é uma limitação ao direito de propriedade por uma 'obrigação equitativa', que obriga o *trustee* a agir de acordo com o documento de instituição do *trust* e sempre em função dos objetos ali determinados[181]".

De forma clara, Melhim Namem Chalhub explica que:

> Por esse mecanismo, o *trustee* é investido do direito de propriedade sobre os bens objeto do negócio, mas só poderá exercer os poderes que se mostrarem necessários a consecução de determinado objetivo ou para beneficiar outra pessoa, conforme estiver prescrito no ato constitutivo do *trust*; vale dizer, os poderes conferidos ao *trustee* são um meio para se alcançar a finalidade estabelecida por aquele que instituiu o *trust* (que é denominado *settlor*). **Em suma, o *trustee* só detém essa propriedade em *trust*, para a outra pessoa, e não para si próprio, ou detém essa propriedade para o objetivo em causa. Logo, quando uma propriedade é transmitida em *trust*, os bens não são incorporados em termos plenos ao patrimônio do adquirente (*trustee*), mas vão acompanhados de encargos imputados a este último, daí porque passam a constituir um patrimônio de afetação, distinto do patrimônio do *trustee* e guardando autonomia em relação a esse patrimônio,** de modo que eventuais desequilíbrios sofridos pelo patrimônio do *trustee* não atingem os bens em *trust*[182].

---

ciplina. Disponível em < https://jornalggn.com.br/sites/default/files/documentos/parecer-rezek-defesa-cunha_-_copia.pdf> Acesso em 14 ago. 2017.

[181] REZEK, Francisco. **Parecer prévio sobre o instituto jurídico estrangeiro conhecido como trust:** suas características, sua exata natureza jurídica, as modalidades variantes do negócio e sua possível coexistência com a ordem jurídica brasileira, que até hoje não o disciplina. Disponível em < https://jornalggn.com.br/sites/default/files/documentos/parecer-rezek-defesa-cunha_-_copia.pdf> Acesso em 14 ago. 2017.

[182] CHALHUB, Melhim Namem. ***Trust***: perspectivas do direito contemporâneo na transmissão da propriedade para administração de investimentos e garantia. Rio de Janeiro: Renovar, 2001. p. 2. (Grifo nosso)

Pode-se entender, portanto, que, ao transferir o patrimônio para o *trust*, o *settlor* deixa de ser o proprietário daqueles bens, até mesmo nos casos em que ele é o beneficiário do *trust*.

Assim, afirma Melhim Namem Chalhub:

Os bens ou direitos constituídos em *trust* deixam de integrar o patrimônio do *settlor* desde o momento em que o ato de constituição é formalizado, passando a formar o patrimônio do *trustee*; disso decorre que os credores do *settlor* não podem agredir esses bens e direitos, desde que em *trust*[183].

Nesse sentido, Francisco Rezek ensina que:

É seguro que o *trustee* detém sobre o patrimônio afetado um autêntico direito de propriedade, ainda que limitado. Acresce que a administração desse patrimônio é de sua exclusiva competência. **O *settlor* não conserva nenhum direito quanto ao uso, fruição ou disposição do *trustee*. Tampouco o beneficiário tem qualquer autoridade sobre os bens dados em *trust*.** Apesar de tais bens serem administrados em seu favor, o beneficiário não tem o direito de se apropriar deles, não podendo exigir que o *trustee* adote tal ou qual medida. A discricionariedade nas decisões sobre o que fazer em proveito futuro dos beneficiários é exclusiva do *trustee*[184].

Francisco Rezek conclui o parecer afirmando que "o patrimônio dado em *trust* não constitui propriedade quer do instituidor, quer do beneficiário. Nenhum deles tem o direito de considerar esse patrimônio como um bem seu, ou de assim declará-lo[185]".

---

[183] CHALHUB, Melhim Namem. ***Trust***: perspectivas do direito contemporâneo na transmissão da propriedade para administração de investimentos e garantia. Rio de Janeiro: Renovar, 2001. p. 53. (Grifo nosso)

[184] REZEK, Francisco. **Parecer prévio sobre o instituto jurídico estrangeiro conhecido como *trust***: suas características, sua exata natureza jurídica, as modalidades variantes do negócio e sua possível coexistência com a ordem jurídica brasileira, que até hoje não o disciplina. Disponível em < https://jornalggn.com.br/sites/default/files/documentos/parecer-rezek-defesa-cunha_-_copia.pdf> Acesso em 14 ago. 2017. (Grifo nosso)

[185] REZEK, Francisco. **Parecer prévio sobre o instituto jurídico estrangeiro conhecido como *trust***: suas características, sua exata natureza jurídica, as modalidades variantes do negócio e sua possível coexistência com a ordem jurídica brasileira, que até hoje não o dis-

Cumpre destacar que, em que pese não existir previsão no ordenamento pátrio, não há impeditivo legal para que um brasileiro constitua um *trust* no exterior, uma vez que o Brasil adota o princípio da legalidade, que determina que tudo que não é proibido por lei é permitido.

Além disso, a Lei de Introdução às Normas do Direito Brasileiro (Decreto-Lei nº 4.657, 04 de setembro de 1942) garante que as pessoas jurídicas instituídas no exterior serão regidas pela lei do país onde forem celebradas:

> Art. 11. As organizações destinadas a fins de interesse coletivo, como as sociedades e as fundações, obedecem à lei do Estado em que se constituírem.

Em razão do exposto, o *trust* é considerado instrumento de planejamento sucessório, pois, além de permitir que o titular do patrimônio distribua e organize a sucessão em vida, destinando recursos ou transferindo ativos por meio desse instituto a herdeiros ou terceiros, permite também que o titular da herança constitua uma gestão profissional, principalmente nos casos em que inexistam herdeiros com capacidade para administrar os negócios da família, visando à proteção e preservação dos ativos.

Todavia, a sua utilização deve ser cercada de precauções e cuidados, pois alguns de seus usos, como a utilização de recursos de origem ilícita, a utilização em prejuízo de terceiros ou a falta de declaração às autoridades competentes, podem ganhar conotações criminosas.

7.7.1 Tributação Incidente

Inicialmente, cumpre destacar que, por não ter previsão legal no ordenamento pátrio, não existe um posicionamento claro e consensual em relação à tributação incidente sobre os bens transferidos ao(s) beneficiário(s), em razão da morte do instituidor (*settlor*) do *trust*.

Ressalta-se que não cabe a este trabalho analisar a tributação envolvida na constituição do *trust*, mas, tão somente, analisar os impostos incidentes na transmissão do patrimônio ao(s) beneficiário(s), quando do evento morte do *settlor*.

ciplina. Disponível em < https://jornalggn.com.br/sites/default/files/documentos/parecer-rezek-defesa-cunha_-_copia.pdf> Acesso em 14 ago. 2017.

O primeiro ponto de atenção é que a tributação na transmissão causa *mortis* dependerá de diversas situações, como onde estão situados o instituidor, o *trustee* e o beneficiário.

Desse modo, é importante destacar que o(s) beneficiário(s) do *trust* residente(s) no Brasil deverá(ão) declarar os rendimentos recebidos pelo *trustee*, estejam eles dentro ou fora do território nacional, à Receita Federal do Brasil e ao Banco Central do Brasil, sob pena de ofensa às Leis nº 8.137, de 27 de dezembro de 1990, e nº 7.492, de 16 de junho de 1986.

(Lei nº 8.137/1990)
Art. 1º: Constitui crime contra a ordem tributária suprimir ou reduzir tributo, ou contribuição social e qualquer acessório, mediante as seguintes condutas:
I – omitir informação, ou prestar declaração falsa às autoridades fazendárias.
[...]
(Lei nº 7.492/1986)
Art. 22: [...]
Parágrafo único. Incorre na mesma pena quem, a qualquer título, promove, sem autorização legal, a saída de moeda ou divisa para o exterior, ou nele mantiver depósitos não declarados à repartição federal competente.

Nesse sentido, dispôs o Banco Central do Brasil:

Em caso de "*Trust*" considere:
a) Os acordos de *Trust* que envolvam a guarda e administração de ativos no exterior tendo como beneficiários pessoas físicas ou jurídicas residentes no Brasil devem ser declarados no CBE, na ficha "Outros ativos";
b) A declaração deverá ser feita sempre em nome do beneficiário residente, que deverá estar cadastrado no sistema. O preenchimento da declaração poderá ser realizado, tanto pelo próprio beneficiário, quanto pelo *trustee*, que administra o *trust*, porém, sempre em nome do beneficiário residente;
c) Em caso de *trust* preencha os campos da ficha de "Outros ativos", abaixo relacionados, da seguinte forma:
Valor da Aquisição: Valor relativo à participação do beneficiário nos ativos do *trust*, na data-base da respectiva declaração CBE;

Data da Aquisição: Data da aquisição do direito derivado do *trust*;
Valor dos rendimentos: Informar os valores líquidos dos rendimentos do *trust* eventualmente recebidos durante o período-base da respectiva declaração CBE, na mesma moeda do investimento;
Descrição do ativo: "nome do *trust*";
Prazo: Selecionar "Curto" caso o *trust* tenha duração inferior a 12 meses e "Longo", caso contrário[186].

Considerando que há controvérsias a respeito de quem é o titular de fato dos bens do *trust*, há quem defenda que o imposto devido pelo(s) beneficiário(s) na transmissão em decorrência da morte do *settlor* é o ITCMD e há quem defenda que incide o IR.

Quem defende a ocorrência do ITCMD sustenta que a incidência desse imposto sobre os bens situados no exterior é questionável, conforme visto no subcapítulo 4.1 deste trabalho, ao tratar do ITCMD.

O Tribunal de Justiça do Estado de São Paulo entende que não se aplica a Lei Estadual quando o doador residir ou tiver domicílio no exterior, uma vez que não foi editada Lei Complementar para regular o assunto, conforme determinou a Constituição Federal.

Desse modo, considerando o entendimento do Tribunal de Justiça do Estado de São Paulo e que os bens do *trust* e o *trustee* estão localizados no exterior, não se pode falar no ITCMD.

Quem defende a incidência do Imposto de Renda sustenta que o *trustee* é o proprietário legítimo do patrimônio, razão pela qual, de plano, não há que se falar no ITCMD.

Assim, ao ser transferido o rendimento para o beneficiário, este teve um benefício econômico; portanto, seria devido o imposto quando da declaração do valor recebido, independentemente de o montante ter sido internalizado ou não.

Não se discute aqui se a constituição de um *trust* pode conferir benefícios aos envolvidos. Todavia, por não ser regulamentado no Brasil e em vista da complexidade das questões, inclusive do aspecto criminal que pode se tomar, bem como das diversas dúvidas existentes em

---

[186] FONTE: BANCO CENTRAL DO BRASIL. **CBE** – Capitais brasileiros no exterior. Precisa de ajuda? Disponível em: <http://www4.bcb.gov.br/rex/CBE/Port/faq.asp?idpai=CBE>. Acesso em 05 jun. 2017.

relação ao titular do patrimônio, da efetiva transmissão de propriedade e das disposições fiscais aplicáveis, não se recomenda a utilização desse instrumento como planejamento tributário aplicado à sucessão hereditária, salvo nos casos em que a família já tenha um patrimônio elevado no exterior.

7.8 *Escrow Accounts*

A *escrow account* é um tipo de conta bancária administrada ou controlada, formada por ativos financeiros, como dinheiro e aplicações financeiras, que permite que o titular do patrimônio defina as regras sob as quais os recursos ali depositados serão geridos.

Originário do mercado financeiro, ao ser utilizado como garantia nas operações de fusões e aquisições envolvendo grandes riscos, esse instrumento ainda é pouco conhecido como instrumento de planejamento sucessório.

A *conta escrow* é um tipo de contrato em que o titular do patrimônio determina as regras sob as quais os recursos depositados serão investidos e/ou desembolsados e, no mesmo ato, elege um terceiro, denominado agente *escrow*, normalmente uma instituição bancária, para agir como parte neutra da negociação.

O agente *escrow* ficará responsável pela guarda, administração e destinação dos ativos depositados, até que todas as cláusulas e condições estipuladas sejam cumpridas.

Nessa operação, o depositante continua sendo o legítimo proprietário do bem, até que todas as obrigações estipuladas sejam cumpridas e o patrimônio seja transferido em favor do beneficiário, que poderá ser qualquer pessoa indicada pelo titular do patrimônio: herdeiro, terceiro estranho à relação familiar, instituição de caridade, entre outros.

Utilizado como meio de planejamento sucessório, esse instrumento permite que o titular do patrimônio estabeleça as regras para liberação do recurso depositado na conta; por exemplo, que a quantia só poderá ser resgatada após o término de uma faculdade.

Todavia, destaca-se que devem ser avaliados todos os custos incidentes, como as altas taxas de administração cobradas pela instituição bancária, para que se possa verificar a real vantagem econômica desse instrumento no planejamento sucessório. Em resumo, a *escrow account* só é viável para patrimônio de alguns milhões de reais.

7.8.1 Tributação Incidente

Cumpre destacar que, em que pese a *escrow account* ser utilizada como instrumento de planejamento sucessório por facilitar a transmissão do patrimônio na sucessão e por não precisar aguardar o término do processo de inventário, ela não apresenta nenhum benefício tributário na transmissão *causa mortis*.

Conclusão

Em virtude da instabilidade econômica do país, da alta carga tributária e das diversas possibilidades de reajustes fiscais a serem adotados pelo Governo em relação ao imposto de transmissão *causa mortis* – ITCMD, em especial, a votação da Proposta de Emenda à Constituição nº 96, de 2015, e do Ofício Consefaz nº 11, de 2015, que buscam a majoração da alíquota do ITCMD, há de se pensar, com urgência, em formas de promover um legítimo planejamento sucessório.

Em que pese a maioria das pessoas não gostarem de falar sobre a morte, deve-se levar em consideração que ela é a única certeza do ser humano, razão pela qual o titular do patrimônio deve pensar em adotar medidas preventivas, de modo a planejar a transferência dos seus bens aos herdeiros, independentemente do tamanho do patrimônio.

O provérbio tão comumente conhecido, "pai rico, filho nobre, neto pobre", retrata de forma clara a importância da elaboração de um adequado e eficaz planejamento sucessório, tendo em vista que não são raros os casos em que a falta de um planejamento sucessório compromete todo o patrimônio da família. Nos casos de empresas familiares, por exemplo, estudos apontam que apenas 30% conseguem sobreviver à segunda geração, em razão de conflitos entre familiares, após a morte do patriarca ou da matriarca.

Assim, uma vez que o titular do patrimônio dispõe livremente e de forma expressa acerca da distribuição dos bens após sua morte, ele previne eventuais litígios familiares pela disputa da herança, evita o longo, custoso e burocrático procedimento de inventário judicial e garante aos sucessores um rápido acesso a uma determinada quantia de dinheiro.

Existem diversos instrumentos jurídicos e financeiros disponíveis para auxiliar na elaboração de um eficaz planejamento sucessório. Todavia, o presente trabalho constatou que nem todos os instrumentos disponíveis proporcionam benefícios tributários, não podendo, portanto, ser utilizados como instrumento de planejamento tributário aplicado à sucessão hereditária e patrimonial, como é o caso do testamento, da conta conjunta, do *trust* e da *escrow account*.

Já o contrato de doação, a constituição de *holding* patrimonial ou familiar, o seguro de vida e os planos de previdência privada, quando bem estruturados, são os instrumentos que apresentam maiores benefícios tributários, seja com a antecipação do pagamento do imposto, seja com a garantia da alíquota atual do ITCMD e até mesmo com a possibilidade de segregação do pagamento do imposto nos casos de doação com cláusula de usufruto.

Frise-se que, além dos benefícios tributários que alguns instrumentos de planejamento sucessório apresentam, deve-se levar em consideração que, a utilização desses instrumentos, podem prevenir eventuais disputas de poder e conflitos na divisão do patrimônio.

Por fim, cumpre destacar que o titular do patrimônio pode e deve utilizar o planejamento sucessório, visando o benefício tributário, seja por meio da antecipação, da redução ou da não incidência do imposto, desde que pautado em condutas lícitas.

No entanto, o titular do patrimônio não pode utilizar os instrumentos de planejamento sucessório de forma ilícita, em especial ao constituir *trust* ou *holdings* em paraísos fiscais, com o único intuito de utilizar recursos de origem criminosa ou para "lavagem" de dinheiro.

É fundamental destacar que não existe uma "fórmula pronta" de planejamento tributário e sucessório. A opção por planejar a herança em vida é ato personalíssimo do titular do patrimônio, que deverá analisar e entender a situação patrimonial, os bens que compõem o patrimônio, o Estado da Federação em que esses bens estão localizados e o contexto familiar, ou seja, deverá analisar seus objetivos e expectativas e também os objetivos e expectativas dos familiares que receberão àquela herança.

REFERÊNCIAS

AMORIM, Sebastião Luiz; OLIVEIRA, Euclides Benedito de. Inventário e Partilhas: direito das sucessões teoria e prática. 20 Ed. São Paulo: LEUD, 2006. **Conforme** PRADO, Clayton Eduardo. **Imposto sobre herança**. 1 Ed. São Paulo: Verbatim, 2009.

ANDRADE FILHO, Edmar Oliveira. **Imposto de Renda das Empresas**. São Paulo: Atlas, 2007.

BANCO CENTRAL DO BRASIL. CBE – Capitais brasileiros no exterior. Precisa de ajuda? Disponível em: <http://www4.bcb.gov.br/rex/CBE/Port/faq.asp?idpai=CBE>. Acesso em 05 jun. 2017.

BARRUECO, Fernando Mauro; PERROTTI, Paulo Salvador Ribeiro; LERNER, Walter (Coord.). **Empresas familiares**: estratégias para uma gestão competitiva e aspectos jurídicos essenciais para inovação, sucessão, governança, holding, herdeiros. 2 Ed. São Paulo: IOB, 2010.

BECKER, Alfredo. **Teoria Geral do Direito Tributário**. 3 Ed. São Paulo: Lejus, 1998.

BONILHA, Paulo Celso B. Imposto Estadual sobre Doações. In: **Grandes Questões Atuais do Direito Tributário**. São Paulo: Saraiva, 2001.

CARVALHO, Mário Tavernard Martins de. Planejamento Sucessório no Âmbito da Empresa Familiar. In. COELHO, Fabio Ulhoa; FÉRES, Marcelo Andrade (Coord.). **Empresa Familiar**: estudos jurídicos. São Paulo: Saraiva, 2014.

CHALHUB, Melhim Namen. *Trust*: perspectivas do direito contemporâneo na transmissão da propriedade para administração de investimento de garantia. Rio de Janeiro: Renovar, 2001.

COÊLHO, Sacha Calmon Navarro. **Teoria da Evasão e da Elisão em Matéria Tributária**. Planejamento Fiscal: Teoria e Prática. São Paulo: Dialética, 1998.

COSTALUNGA, Karine; KIRSCHBAUM, Deborah; PRADO, Roberta Nioac. Sucessão Familiar e Planejamento Sucessório I. In. SANTI, Eurico Marcos Diniz de. (Coord.). **Estratégias Societárias, Planejamento Tributário e Sucessório**. São Paulo: Saraiva, 2010.

D'ANGELO, Carina G.; Izzo, Sonia R. **Guia prático do ITCMD em São Paulo**. São Paulo: IOB, 2009.

DE PLÁCIDO E SILVA, Oscar José. Vocabulário jurídico. 27 Ed. rev. e atual. por Nagib Slaibi Filho e Gláucia Carvalho. Rio de Janeiro: Forense, 2006. **Conforme** PRADO, Clayton Eduardo. **Imposto sobre herança**. 1 Ed. São Paulo: Verbatim, 2009.

DIAS, Maria Berenice. **Manual das Sucessões**. 4 Ed. São Paulo: Revista dos Tribunais, 2016.

DICIONÁRIO AURÉLIO. **Significado de suceder**. Disponível em <https://dicionariodoaurelio.com/suceder>. Acesso em 03 mai. 2017.

DINIZ, Maria Helena. Curso de direito civil brasileiro: direito das sucessões. 22 Ed. São Paulo: Saraiva, 2003. **Conforme** PRADO, Clayton Eduardo. **Imposto sobre herança**. 1 Ed. São Paulo: Verbatim, 2009.

DINIZ, Maria Helena. **Manual das Sucessões**. São Paulo: Revista dos Tribunais, 2013.

ERNST & YOUNG. **Brasil tem uma das menores alíquotas para tributar heranças e doações**. São Paulo, 2014. Disponível em: <http://www.ey.com/br/pt/services/release_brasil_menores_aliquotas_heranca>. Acesso em 07 mar. 2017.

FENAPREVI. **Estatísticas:** Dados Estatísticos do Segmento de Pessoas. 16 jan. 2017. Disponível em: <http://cnseg.org.br/fenaprevi/estatisticas/ >. Acesso em 09 jun. 2017.

FERNANDES, Regina Celi Pedrotti Vespero; CALMON, Eliana (Prof.) **Imposto sobre Transmissão Causa Mortis e Doação: ITCMD**. 3ª ed. rev. e atual. São Paulo: Revista dos Tribunais, 2013.

FRARE, Fabiana Yamaoka. Pareceres. Consulta acerca da incidência de ITCMD em valores investidos por meio de contratos de previdência privada – Natureza Juridica de Investimento – Possibilidade de RESGATE – Valores aplicados e restituíveis ao investidor ou beneficiários (herdeiros) em caso de falecimento. **Revista Jurídica da Procuradoria Geral do Estado do Paraná**. Curitiba, nº 2, 2011. Disponível em:<http://www.pge.pr.gov.br/arquivos/File/Revista_PGE_2011/

Pareceres_Consulta_acerca_da_incidencia.pdf >. Acesso em 10 jun. 2017.

FURLAN, Valéria Cristina Pereira. Aspectos do imposto sobre a transmissão de bens *causa mortis* e doação (ITBCMD). Repertório IOB de jurisprudência: Tributário, Constitucional e Administrativo. São Paulo nº 18, *quinz*, set. 2001. **Conforme** PRADO, Clayton Eduardo. **Imposto sobre herança**. 1 Ed. São Paulo: Verbatim, 2009.

GAUDENZI, Patrícia Bressan Linhares. **Tributação dos Investimentos em Previdência Complementar Privada**. Fundos de Pensão, PGBL, VGBL, FAPI e outros. São Paulo: Quartier Latin, 2008.

GRECO, Marco Aurélio. **Planejamento Fiscal e Interpretação da Lei Tributária**. São Paulo: Dialética, 1998.

GUTIERREZ, Miguel Delgado. **Planejamento Tributário**: Elisão e Evasão Fiscal. São Paulo: *Quartier Latin*, 2006.

HAULY, Luiz Carlos. Reforma Tributária Proposta. 2017. Disponível em: < http://www2.camara.leg.br/atividade-legislativa/comissoes/comissoes-temporarias/especiais/55a-legislatura/reforma-tributaria/documentos/outros-documentos/22.08.17ResumodaReformaTributria.pdf>. Acesso em 01 out. 2017.

HIGUCHI, Hiromi. **Imposto de Renda das Empresas** – Interpretação e prática. 41 Ed. São Paulo, 2016.

KRUKOSKI, Cristiane Aparecida Moreira. A regra matriz de incidência do imposto sobre a transmissão *causa mortis* de quaisquer bens ou direitos. 2002. 176. p. Dissertação (Mestrado) – Pontifica Universidade Católica de São Paulo (PUC/SP). São Paulo, 2002. **Conforme** PRADO, Clayton Eduardo. **Imposto sobre herança**. 1 Ed. São Paulo: Verbatim, 2009.

MACHADO, Hugo de Brito. **Introdução ao planejamento tributário**. São Paulo: Malheiros, 2014.

MAMEDE, Gladston; MAMEDE, Eduarda Cotta Mamede. **Holding Familiar e suas vantagens**: planejamento jurídico e econômico do patrimônio e da sucessão familiar. São Paulo: Atlas, 2017.

MARTINS, Ives Gandra da Silva. **Norma antielisão tributária e o princípio da legalidade à luz da segurança jurídica**. São Paulo: Dialética, 2005.

MELO, José Eduardo Soares de. **Curso de Direito Tributário**. 10 Ed. São Paulo: Dialética, 2012.

MELO, José Eduardo Soares de. Planejamento Tributário in Hugo de Brito Machado (coord.), **Planejamento Tributário**. São Paulo: Malheiros, 2016.

MELO, José Eduardo Soares de. Planejamento Tributário e a Lei Complementar 104. In ROCHA, Valdir de Oliveira (Coord.). **O planejamento tributário e a lei complementar 104**. São Paulo: Dialética, 2001.

MORAES, Walter. **Teoria Geral e Sucessão Legítima**. São Paulo: Revista dos Tribunais, 1980.

NERY JUNIOR, Nelson; NERY, Rosa Maria de Andrade. **Código Civil anotado**. 2 Ed. São Paulo: Revista dos Tribunais, 2003.

OLIVEIRA, Euclides Barreto; AMORIM, Sebastião. **Inventário e Partilha**. Direito das Sucessões – Teoria e Prática. São Paulo: Universitária de Direito, 2008.

OLIVEIRA, Ricardo Mariz de. **Fundamento do Imposto de Renda**. São Paulo: Revista dos Tribunais, 1977.

PARIZATTO, João Roberto. **Manual de Prática dos Contratos**. 3 Ed. São Paulo: Parizatto, 2009.

PEIXOTO, Daniel Monteiro. Sucessão Familiar e Planejamento Tributário I. In. SANTI, Eurico Marcos Diniz de. (Coord.). **Estratégias Societárias, Planejamento Tributário e Sucessório**. São Paulo: Saraiva, 2010.

PRADO, Clayton Eduardo. **Imposto sobre herança**. 1 Ed. São Paulo: Verbatim, 2009.

PRADO, Roberta Nioac. **Aspectos Relevantes da Empresa Familiar**: governança e planejamento sucessório. São Paulo: Saraiva, 2013.

PRADO, Roberta Nioac; COSTALUNGA, Karine; KIRSCHBAUM, Deborah. Sucessão Familiar e Planejamento Sucessório II. In. SANTI, Eurico Marcos Diniz de. (Coord.). **Estratégias Societárias, Planejamento Tributário e Sucessório**. São Paulo: Saraiva, 2010.

REZEK, Francisco. **Parecer prévio sobre o instituto jurídico estrangeiro conhecido como *trust***: suas características, sua exata natureza jurídica, as modalidades variantes do negócio e sua possível coexistência com a ordem jurídica brasileira, que até hoje não o disciplina. Disponível em < https://jornalggn.com.br/sites/default/files/documentos/parecer-rezek-defesa-cunha_-_copia.pdf> Acesso em 14 ago. 2017.

REFERÊNCIAS

RIZZARDO, Arnaldo. Direito das sucessões: Lei 10.406, de 10-01-2009. 5 Ed. Rio de Janeiro. Forense, 2009. **Conforme** CARVALHO, Mário Tavernard Martins de. Planejamento Sucessório no Âmbito da Empresa Familiar. In. COELHO, Fabio Ulhoa; FÉRES, Marcelo Andrade (Coord.). **Empresa Familiar**: estudos jurídicos. São Paulo: Saraiva, 2014.

SABBAG, Eduardo. **Manual do Direito Tributário**. 6 Ed. São Paulo: Saraiva, 2014.

VENOSA, Silvio de Salvo. **Direito Civil**: sucessões. 17 Ed. São Paulo: Atlas, 2017.

LEGISLAÇÃO E JURISPRUDÊNCIA

ACRE. Lei Complementar nº 112, de 30 de dezembro de 2002. Dispõe acerca do Imposto sobre a Transmissão Causa Mortis e Doação de Bens ou Direitos. **Governo do Estado do Acre.** Rio Branco, AC, 2002. Disponível em: <http://www.sefaznet.ac.gov.br/sefazonline/static/Resources/download/itcmd/LeiComp112-02.pdf>. Acesso em 09 jun. 2017.

ALAGOAS. Decreto nº 10.306, de 24 de fevereiro de 2011. Aprova o regulamento do Imposto sobre Transmissão Causa Mortis e Doação de Quaisquer Bens ou Direitos – ITCD, de que tratam os arts. 162 a 183 da Lei nº 5.077, de 12 de junho de 1989. **Governo do Estado de Alagoas.** Maceió, AL, 2011. Disponível em: <http://tol.sefaz.al.gov.br/tol/index.jsp?sModulo=documentos&sAcao=retornaDocumento&SEQ_DOC=15082&COD_TIPDOC=DEC&_TABLE_WIDTH=650&FILTER=>. Acesso em 09 jun. 2017.

AMAPÁ. Decreto nº 3.601, de 29 de dezembro de 2000. Aprova o Regulamento do Imposto sobre Transmissão Causa Mortis e Doação de Quaisquer Bens e Direitos – ITCD. **Governo do Estado do Amapá.** Macapá, AP, 2000. Disponível em: <https://www.sefaz.ap.gov.br/phocadownload/2000%20-%20DECRETO%203601.pdf>. Acesso em 09 jun. 2017.

AMAZONAS. Lei Complementar nº 19, de 29 de dezembro de 1997. Institui o Código Tributário do Estado do Amazonas e dá outras providências. **Governo do Estado do Amazonas.** Manaus, AM, 1997. Disponível em: <http://online.sefaz.am.gov.br/silt/Normas/Legisla%E7%E3o%20Estadual/Lei%20Complementar%20Estadual/

Ano%201997/Arquivo/LCE%20019%2097.htm>. Acesso em 09 jun. 2017.

BAHIA. Decreto nº 2.487, de 16 de junho de 1989. Regulamentar a cobrança do Imposto sobre Transmissão "CAUSA MORTIS" e doação de quaisquer bens ou direitos (ITD). **Governo do Estado da Bahia.** Salvador, BA, 1989. Disponível em: <https://sefaz.ba.gov.br/geral/arquivos/download/ritd.pdf>. Acesso em 09 jun. 2017.

BRASIL. Conselho Nacional De Política Fazendária – Confaz. Ofício Consefaz nº 11, de 10 de setembro de 2015. Proposta de Resolução do Senado fixando a alíquota máxima do ITCMD. **Conselho Nacional de Política Fazendária CONFAZ.** Natal, RN, 2015. Disponível em: < https://www.confaz.fazenda.gov.br/acesso-restrito-1/consefaz/correspondencias/oficio-CONFAZ/2015/11-oficio-consefaz-ndeg-11-15>. Acesso em 29 mai. 2017.

BRASIL. Conselho Administrativo de Recursos Fiscais – CARF. Recurso de Ofício nº 10920.722805/2011-41. Fazenda Nacional e RF Reflorestadora S.A. Relator: Luis Fabiano Alves Penteado. Brasília, 13 set. 2016.

BRASIL. Conselho Administrativo de Recursos Fiscais – CARF. Recurso Voluntário nº 12448.725714/2012-04. Organização Globo Participações S.A e 3ª Turma da DRJ/RJ. Relator: Carlos Pelá. Brasília, 09 out. 2013.

BRASIL. Conselho Administrativo de Recursos Fiscais – CARF. Recurso Voluntário nº 16561.720141/2013-50. CA Programas de Computador, Participações e Serviços LTDA e Fazenda Nacional. Relator: Marcos de Aguiar Villas-Bôas. Brasília, 05 abr. 2016.

BRASIL. Conselho Administrativo de Recursos Fiscais – CARF. Recurso Voluntário nº 16561.720025/2014-11. Hypermarcas S.A e Fazenda Nacional. Relator: Demetrius Nichele Macei. Brasília, 08 jun. 2016.

BRASIL. Conselho Administrativo de Recursos Fiscais – CARF. Recurso Especial nº 11080.723307/2012-06. Transpinho Madeiras Ltda.; Saiqui Empreendimentos Imobiliários Ltda. e Fazenda Nacional. Relator: Marcos Aurélio Pereira Valadão. Brasília, 18 ago. 2016.

BRASIL. Conselho Administrativo de Recursos Fiscais – CARF. Recurso Voluntário nº 10880.734249/2001-79. Serasa S.A e Fazenda Nacional. Relator: Luis Fabiano Alves Penteado. Brasília, 14 set. 2016.

BRASIL. Conselho Administrativo de Recursos Fiscais – CARF. Recurso Voluntário nº 19515.720386/2012-40. Companhia Luz e Força Santa Cruz e Fazenda Nacional. Relator: Talita Pimenta Félix. Brasília, 14 set. 2016.

BRASIL. Conselho Administrativo de Recursos Fiscais – CARF. Recurso Voluntário nº 16561.720167/2014-89. Raia Drogasil S.A e Fazenda Nacional. Relator: Marcos Antonio Nepomuceno Feitosa. Brasília, 16 fev. 2017.

BRASIL. Constituição (1988). Constituição da República Federativa do Brasil. **Palácio do Planalto Presidência da República.** Brasília, DF, 1988.

BRASIL. Decreto-Lei nº 3.000, de 26 de março de 1999. Regulamento do Imposto de Renda. **Palácio do Planalto Presidência da República.** Brasília, DF, 1999. Disponível em: < http://www.planalto.gov.br/ccivil_03/decreto/d3000.htm>. Acesso em 15 jan. 2017.

BRASIL. Decreto-Lei nº 4.657, de 04 de setembro de 1942. Lei de Introdução às normas do Direito Brasileiro. **Palácio do Planalto Presidência da República.** Brasília, DF, 1942. Disponível em: < http://www.planalto.gov.br/ccivil_03/decreto-lei/Del4657compilado.htm>. Acesso em 02 de fev. 2017.

BRASIL. Instrução Normativa nº 588, de 21 de dezembro de 2005. Dispõe sobre a tributação dos planos de benefício de caráter previdenciário, Fapi e seguros de vida com cláusula de cobertura por sobrevivência e dá outras providências. **Receita Federal do Brasil.** Brasília, DF, 2005. Disponível em: < http://normas.receita.fazenda.gov.br/sijut2consulta/link.action?visao=anotado&idAto=15513>. Acesso em 01 out. 2017.

BRASIL. Lei Complementar nº 104, de 10 de janeiro de 2001. Altera dispositivos da Lei nº 5.172, de 25 de outubro de 1966 – Código Tributário Nacional. **Palácio do Planalto Presidência da República.** Brasília, DF, 2001. Disponível em: < http://www.planalto.gov.br/ccivil_03/leis/LCP/Lcp104.htm>. Acesso em 15 jan. 2017.

BRASIL. Lei nº 5.172, de 25 de outubro de 1966. Código Tributário Nacional. **Palácio do Planalto Presidência da República.** Brasília, DF, 1966. Disponível em: < http://www.planalto.gov.br/ccivil_03/leis/L5172.htm> Acesso em 20 jan. 2017.

BRASIL. Lei nº 6.404, de 15 de dezembro de 1976. Lei das Sociedades Anônimas. **Palácio do Planalto Presidência da República.** Brasília, DF, 1976. Disponível em: < http://www.planalto.gov.br/ccivil_03/leis/L6404consol.htm> Acesso em 20 de jan. 2017.

BRASIL. Lei nº 7.492, de 16 de junho de 1986. Define os crimes contra o sistema financeiro e dá outras providências. **Palácio do Planalto Presidência da República.** Brasília, DF, 1985. Disponível em: < http://www.planalto.gov.br/ccivil_03/leis/L7492.htm>. Acesso em 14 ago. 2017.

BRASIL. Lei nº 7.713, de 22 de dezembro de 1988. Altera a legislação do imposto de renda e dá outras providências. **Palácio do Planalto Presidência da República.** Brasília, DF, 1988. Disponível em: < http://www.planalto.gov.br/ccivil_03/leis/L7713.htm>. Acesso em 14 ago. 2017.

BRASIL. Lei nº 8.137, de 27 de dezembro de 1990. Define crimes contra a ordem tributária, econômica e contra as relações de consumo e dá outras providências. **Palácio do Planalto Presidência da República.** Brasília, DF, 1990. Disponível em: < http://www.planalto.gov.br/ccivil_03/leis/L8137.htm>. Acesso em 15 jan. 2017.

BRASIL. Lei nº 9.532, de 10 de dezembro de 1997. Altera a legislação tributária federal e dá outras providências. **Palácio do Planalto Presidência da República.** Brasília, DF, 1997. Disponível em: < http://www.planalto.gov.br/ccivil_03/leis/L9532.htm>. Acesso em 15 jan. 2017.

BRASIL. Lei nº 10.406, de 10 de janeiro de 2002. Institui o Código Civil. **Palácio do Planalto Presidência da República.** Brasília, DF, 2002. Disponível em: < http://www.planalto.gov.br/ccivil_03/leis/2002/L10406.htm> Acesso em 15 de jan. 2017.

BRASIL. Lei nº 10.637, de 30 de dezembro de 2002. Dispõe sobre a não--cumulatividade na cobrança da contribuição para o PIS e Pasep, nos casos que especifica; sobre o pagamento e o parcelamento de débitos tributários federais, a compensação de créditos fiscais, a declaração de inaptidão de iscrição de pessoas jurídicas, a legislação aduaneira, e dá outras providências. **Palácio do Planalto Presidência da República.** Brasília, DF, 2002. Disponível em: < http://www.planalto.gov.br/ccivil_03/leis/2002/L10637.htm> Acesso em 15 de jan. 2017.

BRASIL. Lei nº 11.196, de 21 de novembro de 2005. Institui o Regime Especial de Tributação para a Plataforma de Exportação de Serviços de Tecnologia da Informação – REPES, o Regime Especial de Aquisição de Bens de Capital para Empresas Exportadoras – RECAP e o Programa de Inclusão Digital e dá outras providências. **Palácio do Planalto Presidência da República.** Brasília, DF, 2005. Disponível em: < http://www.planalto.gov.br/ccivil_03/_ato2004-2006/2005/lei/l11196compilado.htm>. Acesso em 15 jan. 2017.

BRASIL. Lei nº 11.441, de 04 de janeiro de 2007. Altera dispositivos da Lei nº 5.869, de 11 de janeiro de 1973 – Código de Processo Civil, possibilitando a realização de inventário, partilha, separação consensual e divórcio consensual por via administrativa. **Palácio do Planalto Presidência da República.** Brasília, DF, 2007. Disponível em: < http://www.planalto.gov.br/ccivil_03/_ato2007-2010/2007/lei/l11441.htm>. Acesso em 15 jan. 2017.

BRASIL. Lei nº 13.105, de 16 de março de 2015. Código de Processo Civil. **Palácio do Planalto Presidência da República.** Brasília, DF, 2015. Disponível em: < http://www.planalto.gov.br/ccivil_03/_ato2015-2018/2015/lei/l13105.htm> Acesso em 10 de jan. 2017.

BRASIL. Medida Provisória nº 66, de 29 de agosto de 2002. Dispõe sobre a não cumulatividade da contribuição para os Programas de Integração Social (PIS) e de Formação do Patrimônio do Servidor Público (Pasep), nos casos que especifica; sobre os procedimentos para desconsideração de atos ou negócios jurídicos para fins tributários; **Palácio do Planalto Presidência da República.** Brasília, DF, 2002. Disponível em: < http://www.planalto.gov.br/ccivil_03/mpv/Antigas_2002/66.htm>. Acesso em 15 jan. 2017.

BRASIL. Receita Federal. Instrução Normativa nº 84, de 11 de outubro de 2001. Dispões sobre a apuração e tributação de ganhos de capital nas alienações de bens e direitos por pessoas físicas. **Secretaria da Receita Federal.** Brasília, DF, 2001. Disponível em: < http://normas.receita.fazenda.gov.br/sijut2consulta/link.action?idAto=14400&visao=anotado>. Acesso em 09 jun. 2017.

BRASIL. Senado Federal. Proposta de Emenda à Constituição nº 96 de 2015. Outorga competência à União para instituir adicional sobre o imposto de que trata o inciso I do art. 155, destinado ao financiamento da política de desenvolvimento regional. **Senado Federal.** Brasília, DF, 1992. Disponível em: <https://www25.senado.leg.br/web/atividade/materias/-/materia/122230>. Acesso em 29 mai. 2017.

BRASIL. Senado Federal. Resolução nº 9 de 1992. Estabelece alíquota máxima para o Imposto sobre Transmissão Causa Mortis e Doação, de que trata a alínea a, inciso I, e § 1º, inciso IV do art. 155 da Constituição Federal. **Senado Federal**. Brasília, DF, 1992. Disponível em: < http://legis.senado.gov.br/legislacao/ListaTextoIntegral. action?id=113958&norma=136383>. Acesso em 09 jun. 2017.

BRASIL. Superintendência Regional da Receita Federal, 7ª Região Fiscal. Processo de Consulta nº 152/01. **Diário Oficial, Brasília**, DF, 18 set. 2001.

BRASIL. Superintendência Regional da Receita Federal, 7ª Região Fiscal. Processo de Consulta nº 301/04. **Diário Oficial, Brasília**, DF, 17 set. 2004.

BRASIL. Superintendência Regional da Receita Federal, 9ª Região Fiscal. Processo de Consulta nº 463/09. **Diário Oficial, Brasília**, DF, 05 jan. 2010.

BRASIL. Superior Tribunal de Justiça. Recurso Especial nº 1.511.976-MG. Alexandre Augusto Ramos Ferreira; Maria Helena Ramos Magalhães Ferreira e Ana Amelia Menna Barreto de Castro Ferreira e outros. Relator: Min. Moura Ribeiro. Brasília, 28 abr. 2015.

BRASIL. Supremo Tribunal Federal. Recurso Extraordinário nº 851.108. Estado de São Paulo e Vanessa Regina Andreatta. Relator: Min. Marco Aurélio. Brasília, 16 jun 2015.

BRASIL. Supremo Tribunal Federal. Súmula Vinculante nº 112. Superior Tribunal Federal. **Sessão Plenária**, Brasília, de 13 dez. 1963.

BRASIL. Supremo Tribunal Federal. Súmula Vinculante nº 114. Superior Tribunal Federal. **Sessão Plenária**, Brasília, de 13 dez. 1963.

BRASIL. Supremo Tribunal Federal. Súmula Vinculante nº 116. Superior Tribunal Federal. **Sessão Plenária**, Brasília, de 13 dez. 1963.

BRASIL. Supremo Tribunal Federal. Súmula Vinculante nº 542. Superior Tribunal Federal. **Sessão Plenária**, Brasília, de 03 dez. 1969.

CEARÁ. Lei nº 13.417, de 30 de dezembro de 2003. Dispõe acerca do Imposto sobre Transmissão Causa Mortis e Doação, de Quaisquer Bens ou Direitos – ITCD, e dá outras providências. **Palácio do Governo do Estado do Ceará**. Fortaleza, CE, 2003. Disponível em: <http://www.sefaz.ce.gov.br/Content/aplicacao/internet/itcd/gerados/legislacao.asp>. Acesso em 09 jun. 2017.

DISTRITO FEDERAL. Decreto nº 34.982, de 19 de dezembro de 2013. Regulamenta o Imposto sobre a Transmissão Causa Mortis e Doação de Quaisquer Bens ou Direitos – ITCD, e dá outras providências. **Governo do Distrito Federal.** Brasília, DF, 2013. Disponível em: <http://www.fazenda.df.gov.br/aplicacoes/legislacao/legislacao/TelaSaidaDocumento.cfm?txtNumero=34982&txtAno=2013&txtTipo=6&txtParte=.>. Acesso em 09 jun. 2017.

ESPÍRITO SANTO. Decreto nº 3.469-R, de 19 de dezembro de 2013. Regulamenta o Imposto sobre a Transmissão Causa Mortis e Doação de Quaisquer Bens ou Direitos (RITCMD). **Palácio Anchieta.** Vitória, ES, 2013. Disponível em: <http://www.sefaz.es.gov.br/LegislacaoOnline/lpext.dll?f=templates&fn=main-h.htm&2.0>. Acesso em 09 jun. 2017.

GOIÁS. Lei nº 19.021, de 30 de setembro de 2015. Altera a Lei nº 11.651, de 26 de dezembro de 1991, que institui o Código Tributário do Estado de Goiás, e a Lei nº 13.194, de 26 de dezembro de 1997, e dá outras providências. **Palácio do Governo do Estado de Goiás.** Goiânia, GO, 2015. Disponível em: <https://www.legisweb.com.br/legislacao/?id=304156>. Acesso em 09 jun. 2017.

MARANHÃO. Lei nº 7.799, de 19 de dezembro de 2002. Dispõe sobre o Sistema Tributário do Estado do Maranhão. **Governo do Estado do Maranhão.** São Luís, MA, 2002. Disponível em: <http://s3.amazonaws.com/img.editorasolucao.com.br/594b1b1c/SEFAZMA/1-1-lei-7799-ICMS.pdf>. Acesso em 09 jun. 2017.

MATO GROSSO. Lei nº 7.850, de 18 de dezembro de 2002. Dispõe sobre o Imposto sobre Transmissão Causa Mortis e Doação, de quaisquer Bens ou Direitos – ITCD. **Palácio Paiaguás.** Cuiabá, MT, 2002. Disponível em: <http://app1.sefaz.mt.gov.br/0325677500623408/07FA81BED2760C6B84256710004D3940/375B8C284530106704256C9500491DF8>. Acesso em 09 jun. 2017.

MATO GROSSO DO SUL. Lei nº 4.759, de 16 de novembro de 2015. Dá nova redação ao art. 126 e aos incisos I e II do art. 129 da Lei nº 1.810, de 22 de dezembro de 1997, que dispõe sobre os tributos de competência do Estado. **Governo do Estado do Mato Grosso do Sul.** Campo Grande, MS, 2015. Disponível em: < https://www.legisweb.com.br/legislacao/?id=306494>. Acesso em 09 jun. 2017.

MINAS GERAIS. Decreto nº 43.981, de 03 de março de 2005. Regulamenta o Imposto sobre Transmissão Causa Mortis e Doação de Quaisquer Bens ou Direitos – ITCD. **Palácio da Liberdade.** Belo Horizonte, MG, 2005. Disponível em: <http://www.fazenda.mg.gov.br/empresas/legislacao_tributaria/decretos/d43981_2005.htm>. Acesso em 09 jun. 2017.

PARAÍBA. Decreto nº 36.212, de 30 de setembro de 2015. Altera o Regulamento do ITCD – RITCD, aprovado pelo Decreto nº 33.341, de 27 de setembro de 2012, e dá outras providências. **Palácio do Governo do Estado da Paraíba.** João Pessoa, PB, 2015. Disponível em: <http://legisla.receita.pb.gov.br/LEGISLACAO/DECRETOS/ITCD/2015/36212/3621215_3621215.html>. Acesso em 09 jun. 2017.

PARANÁ. Resolução SEFA nº 1.527, de 23 de dezembro de 2015. Regulamenta a Lei nº 18.573, de 30 de setembro de 2015, que institui o Imposto de Transmissão "Causa mortis" e Doações de quaisquer Bens ou Direitos – ITCMD. **Secretário de Estado da Fazenda.** Curitiba, PA, 2015. Disponível em: <http://www.fazenda.pr.gov.br/arquivos/File/ITCMD/Resolucao_SEFA_1527_2015_ITCMD.pdf>. Acesso em 09 jun. 2017.

PERNAMBUCO. Lei nº 13.974, de 16 de dezembro de 2009. Dispõe sobre a legislação tributária do Estado relativa ao Imposto sobre Transmissão "Causa Mortis" e Doação de Quaisquer Bens ou Direitos – ICD. **Palácio do Campo das Princesas.** Recife, PE, 2009. Disponível em: <https://www.sefaz.pe.gov.br/Legislacao/Tributaria/Documents/Legislacao/Leis_Tributarias/2009/Lei13974_2009.htm>. Acesso em 09 jun. 2017.

PIAUÍ. Lei Ordinária nº 6.043, de 30 de dezembro de 2010. Altera a Lei nº 4.261, de 1º de fevereiro de 1989, que disciplina o Imposto Sobre Transmissão Causa Mortis e Doação de Quaisquer Bens e Direitos – ITCMD. **Palácio de Karnak.** Teresina, PI, 2010. Disponível em: <http://legislacao.pi.gov.br/legislacao/default/ato/14816>. Acesso em 09 jun. 2017.

RIO DE JANEIRO. Lei nº 7.174, de 28 de dezembro de 2015. Dispõe sobre o Imposto Sobre a Transmissão Causa Mortis e Doação de Quaisquer Bens e Direitos (ITD), de Competência do Estado do Rio de Janeiro. **Governo do Estado do Rio de Janeiro.** Rio de Janeiro, RJ, 2015. Disponível em: <http://alerjln1.alerj.rj.gov.br/contlei.nsf/bc00

8ecb13dcfc6e03256827006dbbf5/38c6d405dd5c89fd83257f1f006d eb65?OpenDocument>. Acesso em 09 jun. 2017.

RIO GRANDE DO NORTE. Lei nº 9.993, de 29 de outubro de 2015. Altera a Lei Estadual nº 5.887, de 15 de fevereiro de 1989, que "Institui o Imposto sobre Transmissão 'Causa Mortis' e Doação de Quaisquer Bens e Direitos – ITCD e dá outras providências. **Governo do Estado do Rio Grande do Norte.** Natal, RN, 2015. Disponível em: <http://www.set.rn.gov.br/contentProducao/aplicacao/set_v2/legislacao/enviados/listagem_filtro.asp?assunto=6&assuntoEsp=23>. Acesso em 09 jun. 2017.

RIO GRANDE DO SUL. Lei nº 8.821, de 27 de janeiro de 1989. Institui o Imposto Sobre a Transmissão "Causa Mortis" e Doação, de quaisquer bens ou direitos. **Palácio Piratini.** Porto Alegre, RS, 1989. Disponível em: <http://www.al.rs.gov.br/legis/M010/M0100099.ASP?Hid_Tipo=TEXTO&Hid_TodasNormas=19586&hTexto=&Hid_IDNorma=19586>. Acesso em 09 jun. 2017.

RONDÔNIA. Decreto nº 15.474, de 29 de outubro de 2010. Aprova o Regulamento do Imposto Sobre a Transmissão "Causa Mortis" e Doação de Quaisquer Bens e Direitos – ITCD. **Palácio do Governo do Estado de Rondônia.** Porto Velho, RO, 2010. Disponível em: <https://www.sefin.ro.gov.br/portalsefin/anexos/90.10835705443876D10_15474___RITCD_RO___CONS_ATE_DEC_15694_11.PDF>. Acesso em 09 jun. 2017.

RORAIMA. Lei nº 59, de 28 de dezembro de 1993. Dispõe sobre o Sistema Tributário Estadual e dá outras providências. **Palácio Senador Hélio Campos.** Boa Vista, RR, 1993. Disponível em: < https://www.legisweb.com.br/legislacao/?id=161298>. Acesso em 09 jun. 2017.

SANTA CATARINA. Lei nº 13.136, de 25 de novembro de 2004. Dispõe sobre o Imposto Sobre a Transmissão "Causa Mortis" e Doação de Quaisquer Bens e Direitos – ITCMD. **Governador do Estado de Santa Catarina.** Florianópolis, SC, 2004. Disponível em: <http://legislacao.sef.sc.gov.br/html/leis/2004/lei_04_13136.htm>. Acesso em 09 jun. 2017.

SÃO PAULO. Lei nº 11.154, de 31 de dezembro de 1991. Dispõe sobre o Imposto sobre Transmissão "inter vivos", a qualquer título, por ato oneroso, de bens imóveis, por natureza ou acessão física, e de direitos reais sobre imóveis, exceto os de garantia, bem como cessão de direitos à sua aquisição, e dá outras providências. **Prefeitura do Município de São Paulo.** São Paulo, SP, 1991. Disponível em: < https://www.legisweb.com.br/legislacao/?id=179570>. Acesso em 09 jun. 2017.

SÃO PAULO. Lei nº 10.705, de 28 de dezembro de 2000. Dispõe sobre a instituição do Imposto sobre Transmissão "Causa Mortis" e Doação de Quaisquer Bens ou Direitos – ITCMD. **Governo do Estado de São Paulo.** São Paulo, SP, 2000. Disponível em: <http://www.fazenda.sp.gov.br/itcmd/LEI_10705consolidada.asp>. Acesso em 09 jun. 2017.

SÃO PAULO. Lei nº 16.291, de 20 de julho de 2016. Dispõe sobre as Diretrizes Orçamentárias para o exercício de 2017. **Palácio dos Bandeirantes.** São Paulo, SP, 2016. Disponível em: <http://www.orcamento.planejamento.sp.gov.br/diretrizes-orcamentarias >. Acesso em 07 ago. 2017.

SÃO PAULO. Lei nº 16.511, de 27 de julho de 2017. Dispõe sobre as Diretrizes Orçamentárias para o exercício de 2018. **Palácio dos Bandeirantes.** São Paulo, SP, 2017. Disponível em: <http://www.orcamento.planejamento.sp.gov.br/diretrizes-orcamentarias >. Acesso em 07 ago. 2017.

SÃO PAULO. Tribunal de Justiça do Estado de São Paulo. Agravo de Instrumento nº 0277398-59.2011.8.26.0000. Giuseppina Maria Yela e Fazenda do Estado de São Paulo. Relator: Des. Amorim Cantuária. São Paulo, 24 set. 2013.

SÃO PAULO. Tribunal de Justiça do Estado de São Paulo. Agravo de Instrumento nº 2019677-31.2013.8.26.0000. Anna Paulo Barbosa Veiga Gomes e Dirce Barbosa Gomes e outros. Relator: Des. João Carlos Saletti. São Paulo, 29 abr. 2014.

SÃO PAULO. Tribunal de Justiça do Estado de São Paulo. Agravo de Instrumento nº 2077606-85.2014.8.26.0000. Catia Regina Ferreira Begnami; Martiniano Zapacosta Begnami e Fazenda do Estado de São Paulo. Relator: Des. Giffoni Ferreira. São Paulo, 16 set. 2014.

SÃO PAULO. Tribunal de Justiça do Estado de São Paulo. Agravo de Instrumento nº 2223036-68.2014.8.26.0000. Eliana Lawanda e Antonio Elian Lawand; Geny Nahas Lawand. Relator: Des. Carlos Alberto Garbi. São Paulo, 17 mar. 2015.

SÃO PAULO. Tribunal de Justiça do Estado de São Paulo. Agravo de Instrumento nº 2162588-95.2015.8.26.0000. Fazenda do Estado de São Paulo e Eloy de Almeida Prado Neto e outro. Relator: Des. Galdino Toledo Júnior. São Paulo, 26 jul. 2016.

SÃO PAULO. Tribunal de Justiça do Estado de São Paulo. Agravo de Instrumento nº 2042626-10.2017.826.0000. Silvio Mazzo Junior (espólio de Ida Mauri Mazzo) e O Juízo. Relator: Des. José Roberto Furquim Cabella. São Paulo, 18 abr. 2017.

SÃO PAULO. Tribunal de Justiça do Estado de São Paulo. Arguição de Inconstitucionalidade nº 0004604-24.2011.8.26.0000. 7ª Câmara de Direito Público do Tribunal de Justiça do Estado de São Paulo e Carlos Eduardo Depieri; Coordenador de Administração Tributária da Secretaria da Fazenda do Estado de São Paulo; Fazenda do Estado de São Paulo. Relator: Des. Guerrieri Rezende. São Paulo, 07 abr. 2011.

SÃO PAULO. Tribunal de Justiça do Estado de São Paulo. Apelação nº 1009440-87.2013.8.26.0053. Fazenda do Estado de São Paulo e Maria Hoeschl Marques Themudolessa. Relator: Des. Amorim Cantuária. São Paulo, 10 mar. 2015.

SÃO PAULO. Tribunal de Justiça do Estado de São Paulo. Apelação nº 0048340-30.2011.8.26.0053. Secretário da Fazenda do Estado de São Paulo e Antonio Joaquim Alvez Netto. Relator: Des. Moreira de Carvalho. São Paulo, 15 abr. 2015.

SÃO PAULO. Tribunal de Justiça do Estado de São Paulo. Apelação nº 1020794-21.2014.8.26.0071. Fazenda do Estado de São Paulo e Maria Monica Medola Damine. Relator: Des. Marcelo Semer. São Paulo, 19 out. 2015.

SÃO PAULO. Tribunal de Justiça do Estado de São Paulo. Apelação nº 1034056-24.2016.8.26.0053. Bem Zion Berlovich e Delegado Regional Tributário do Estado de São Paulo. Relator: Des. Luís Francisco Aguilar Cortez. São Paulo, 09 mai. 2017.

SERGIPE. Decreto nº 29.994, de 04 de maio de 2015. Aprova o Regulamento do Imposto sobre Transmissão "Causa Mortis" e Doação de Quaisquer Bens ou Direitos – RITCMD, de que trata a Lei nº 7.724, de 08 de novembro de 2013. **Governo do Estado de Sergipe**. Aracaju, SE, 2015. Disponível em: < https://www.legisweb.com.br/legislacao/?id=284334>. Acesso em 09 jun. 2017.

TOCANTINS. Decreto nº 5.425, de 04 de maio de 2016. Aprova o Imposto sobre a Transmissão Causa Mortis e Doação de Quaisquer Bens ou Direitos – ITCD. **Palácio Araguaia**. Palmas, TO, 2016. Disponível em: <http://dtri.sefaz.to.gov.br/legislacao/ntributaria/decretos/Decreto5.425.16.htm>. Acesso em 09 jun. 2017.

REFERÊNCIAS COMPLEMENTARES

ALMADA, Ney de Mello. **Sucessões**: legítima, testamentária, inventários e partilha. São Paulo: Malheiros Editores, 2006.

BELLOTO, Alessandra; SEABRA, Luciana. Sem lei, '*trust*' é alvo de interpretações. **Valor Econômico**. São Paulo, 10 nov. 2015. Disponível em: <http://www2.valor.com.br/politica/4308694/sem-lei-trust-e-alvo-de-interpretacoes>. Acesso em 04 jun. 2017.

BLOG MICHILES. **Legalidade dos *Trusts* no Brasil**. 2016. Disponível em: <http://michiles.com/legalidade-dos-trusts-no-brasil/>. Acesso em 04 jun. 2017.

CARVALHOSA, Modesto; AZEVEDO, Antônio Junqueira de. **Comentários ao Código Civil**: parte especial, do direito da empresa, da sociedade personificada: do estabelecimento dos institutos complementares. Volume 13. São Paulo: Saraiva, 2003.

CASTRO, José Roberto. **O que é um trust, o administrador do dinheiro de Cunha.** 2016. Disponível em: <https://www.nexojornal.com.br/expresso/2016/05/20/O-que-%C3%A9-um-trust-o-administrador-do-dinheiro-de-Cunha>. Acesso em 04 jun. 2017.

CAVALCANTI, Glauce. Rio cobra imposto até sobre plano de previdência herdado ou doado: Federação do setor questiona legislação fluminense na Justiça. **O Globo**. Rio de Janeiro, 12 mar. 2017. Disponível em: <https://oglobo.globo.com/economia/rio-cobra-imposto-ate-sobre-plano-de-previdencia-herdado-ou-doado-21048200>. Acesso em 09 jun. 2017.

CONTÁBEIS. **Imposto tira apelo de previdência privada em planejamento sucessório.** 26 jul. 2016. Disponível em: <http://www.conta-

beis.com.br/noticias/28595/imposto-tira-apelo-de-previdencia-privada-em-planejamento-sucessorio/>. Acesso em 04 mai. 2017.

COSTA, Regina Helena. **Curso de Direito Tributário**: Constituição e Código Tributário Nacional. 4 Ed. São Paulo: Saraiva, 2014.

CUNHA, Daniela Garcia Mehringer de Azevedo. **Planejamento Sucessório, um quebra-cabeça que vale a pena montar!** 2017. Disponível em: <http://celestinoadv.com.br/site/artigos/planejamento-sucessorio-um-quebra-cabeca-que-vale-a-pena-montar/>. Acesso em 12 jun. 2017.

DESSEN, Marcia. Bancos divergem sobre conta conjunta na sucessão patrimonial. **Folha de São Paulo**. São Paulo, 08 ago. 2016. Disponível em: <http://www1.folha.uol.com.br/colunas/marciadessen/2016/08/1800087-bancos-divergem-sobre-conta-conjunta-na-sucessao-patrimonial.shtml>. Acesso em 06 mai. 2017.

DESTRO, Natália. Previdência Privada e planejamento sucessório. **Valor Econômico**. São Paulo, 01 dez. 2016. Disponível em: <http://www.valor.com.br/financas/consultorio-financeiro/4793833/previdencia-privada-e-planejamento-sucessorio>. Acesso em 04 jun. 2017.

HIGUCHI, Hiromi. **Imposto de Renda das Empresas**: interpretação e prática: atualizado até 10-01-2014. 39 Ed. São Paulo: IR Publicações Ltda. 2014.

LEITE, Eduardo de Oliveira. A nova ordem de vocação hereditária e a sucessão dos cônjuges. In: DELGADO, Mário Luiz; ALVES, Jones Figueirêdo (Coord.). **Questões controvertidas no novo código civil**. São Paulo: Editora Método, 2003.

MARTINS. Ives Granda da Silva (Coord.). **Comentários ao Código Tributário Nacional**. 7ª ed. Saraiva, 2003.

MESINA, Paulo de Lourenzo; FORGIONI, Paula A. **Sociedades por ações**: jurisprudências, casos e comentários. São Paulo: Revista dos Tribunais, 1999.

MONGERAL AEGON. **O que é seguro de vida?** 2016. Disponível em: < https://www.mongeralaegon.com.br/blog/educacao-financeira/artigo/o-que-e-seguro-de-vida >. Acesso em 04 jun. 2017.

PGBL e VGBL são os principais produtos de previdência privada. **O Globo**. Rio de Janeiro, 03 mar. 2012. Disponível em: <https://oglobo.globo.com/economia/pgbl-vgbl-sao-os-principais-produtos-de-previdencia-privada-4140016>. Acesso em 01 jun. 2017.

REFERÊNCIAS COMPLEMENTARES

PORTAL BRASIL. **Tipos de Previdência.** Brasília, D.F., 28 jul. 2014. Disponível em: <http://www.brasil.gov.br/economia-e-emprego/2012/04/tipos-de-previdencia>. Acesso em 09 jun. 2017.

RIBAS, José Maria. **Previdência Privada não entra em inventário?** Disponível em: <http://www.direitoeconsumo.adv.br/previdencia-privada-nao-entra-em-inventario/>. Acesso em 01 jun. 2017.

SEIXAS FILHO, Aurélio Pitanga. **A interpretação econômica do Direito Tributário, a Lei Complementar nº 104/2001 e os limites do planejamento tributário.** O planejamento Tributário e a Lei Complementar 104. São Paulo: Dialética, 2001.

SILVA, Marcelo Terto. Aumento de impostos sobre doação reforça importância de planejamento sucessório. **Revista Consultor Jurídico.** 16 mar. 2016. Disponível em: <hhttp://www.conjur.com.br/2016-mar-16/marcello-silva-necessario-planejamento-preservar-herancal>. Acesso em 04 jun. 2017.

TÔRRES, Heleno Taveira. **Tributação nos mercados financeiro e de capitais e na previdência privada.** São Paulo: Quartier Latin, 2005.

TÔRRES, Heleno Taveira. *Trust* não pode ser usado para sonegação fiscal. **Revista Consultor Jurídico.** 11 nov. 2015. Disponível em: <http://www.conjur.com.br/2015-nov-11/consultor-tributario-trust-nao-usado-sonegacao-fiscal>. Acesso em 04 jun. 2017.

ULUP, Raul Shalders. Conta Conjunta e Planejamento Sucessório. **Valor Econômico.** São Paulo, 01 dez. 2016. Disponível em: <http://www.valor.com.br/financas/consultorio-financeiro/4793869/conta-conjunta-e-planejamento-sucessorio>. Acesso em 04 jun. 2017.

UOL. **Entenda o que é a previdência privada.** Disponível em: <https://economia.uol.com.br/financas-pessoais/guias-financeiros/guia-entenda-o-que-e-a-previdencia-privada.htm>. Acesso em 01 jun. 2017.

WILTGEN, Julia. 6 formas de transferir seus bens aos herdeiros ainda em vida. **Exame.** São Paulo, 23 ago. 2013. Disponível em: <http://exame.abril.com.br/seu-dinheiro/6-formas-de-transferir-seus-bens-aos-herdeiros-ainda-em-vida/>. Acesso em 15 fev. 2017.

WILTGEN, Julia. 10 respostas essenciais sobre previdência privada. **Exame.** São Paulo, 30 nov. 2012. Disponível em: <http://exame.abril.com.br/seu-dinheiro/10-respostas-essenciais-sobre-previdencia-privada/>. Acesso em 15 fev. 2017.

XAVIER, Alberto. **Direito Tributário Internacional do Brasil.** 6 Ed. Rio de Janeiro: Forense, 2007.

ÍNDICE

INTRODUÇÃO	9
1. PLANEJAMENTO TRIBUTÁRIO	13
2. LEGALIDADE DO PLANEJAMENTO TRIBUTÁRIO	21
3. PLANEJAMENTO SUCESSÓRIO	35
4. SUCESSÃO HEREDITÁRIA	43
5. ASPECTOS TRIBUTÁRIOS DA SUCESSÃO HEREDITÁRIA	53
6. SUCESSÃO PATRIMONIAL LEGÍTIMA	71
7. INSTRUMENTOS DE PLANEJAMENTO SUCESSÓRIO	89
CONCLUSÃO	141
REFERÊNCIAS	143
LEGISLAÇÃO E JURISPRUDÊNCIA	149
REFERÊNCIAS COMPLEMENTARES	161